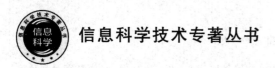信息科学技术专著丛书

压电高压变换器型
汽车安全气囊点火控制系统研究

肖洪兵 著

北京邮电大学出版社
www.buptpress.com

内 容 简 介

目前,汽车工业已成为我国国民经济的支柱产业和可持续发展行业。安全、环保、节能是衡量现代汽车技术发展水平的三个主要指标,而安全居首位。随着首都人民生活水平的提高,越来越多的用户会选择中高端配置的、更安全的汽车。这些都促进了高性能汽车安全气囊系统的研发。点火系统是安全气囊的关键部件。现有安全气囊由于点火系统原因,在可靠性、准确性等方面存在不足。本研究将压电变换器应用于汽车安全气囊点火系统,安全与环保相结合,提高了可靠性和准确性。

本书主要研究内容包括点火系统工作机理、点火系统压电变换电路模型、点火系统压电变换器频率特性、量子型控制模式压电变换技术最佳工作效率、点火系统驱动电路、点火算法以及点火系统多点起爆控制方案等。

本书对汽车电子相关领域的高年级本科生、研究生,以及相关研究人员具有重要的学术研究价值和应用价值。

图书在版编目(CIP)数据

压电高压变换器型汽车安全气囊点火控制系统研究 /肖洪兵著. -- 北京:北京邮电大学出版社,2021.4

ISBN 978-7-5635-6276-3

Ⅰ.①压… Ⅱ.①肖… Ⅲ.①汽车—安全气囊—点火系统—控制系统—研究 Ⅳ.①U491.6

中国版本图书馆 CIP 数据核字(2021)第 006030 号

策划编辑:姚 顺 刘纳新　　责任编辑:刘春棠　　封面设计:七星博纳

出版发行:北京邮电大学出版社
社　　址:北京市海淀区西土城路 10 号
邮政编码:100876
发 行 部:电话 010-62282185　传真:010-62283578
E-mail:publish@bupt.edu.cn
经　　销:各地新华书店
印　　刷:唐山玺诚印务有限公司
开　　本:787 mm×1 092 mm　1/16
印　　张:10.25
字　　数:225 千字
版　　次:2021 年 4 月第 1 版
印　　次:2021 年 4 月第 1 次印刷

ISBN 978-7-5635-6276-3　　　　　　　　　　　　　　　　　定价:55.00 元

· 如有印装质量问题,请与北京邮电大学出版社发行部联系 ·

前 言

现有汽车安全气囊的动作控制存在的问题主要表现在可靠性、准确性、同步性和复杂度几个方面。

① 可靠性较低。其现象是该开不开,不该开则开。主要原因是点火电压过低(5～30 V),汽车内一般的静电放电电压可达上千伏,易引起误爆。

② 方位准确性不够。其现象是展开方向与实际碰撞有偏差,剧烈碰撞易造成误伤。主要原因是碰撞方位检测不到位以及点火方位无控制。

③ 多个气囊的同步性差。其现象是多个气囊不能同时打开。主要原因是多个气囊相互独立控制。

④ 软件复杂度高。其现象是气囊打开的实时性较差。主要原因是软件控制算法需要时间。

解决上述问题的关键是,提高点火能量以及实现多点定向精准点火与同步控制。压电变压器体积小,质量轻,在高频范围工作具有高能量密度、无铜损、无电磁干扰等优点。但目前国内外尚未见到压电变压器应用于充电电源领域特别是汽车安全气囊点火系统领域的研究文献。

本书创新性地将压电变换器技术应用于汽车安全气囊点火系统的高压充电电源,安全与环保相结合,大大提高了汽车安全的可靠性和准确性;同时,也符合国家新能源汽车发展规划。该技术将在汽车安全领域具有很强的现实意义和广阔的应用前景,将会产生显著的经济效益和社会效益。

本书主要内容如下:第 1 章介绍了国内外汽车电子安全研究以及压电变换器相关技术发展现状;第 2 章探讨了汽车安全气囊点火系统的工作机理;第 3 章给出了汽车电子安全高压充电电源的压电高压变换器电路模型;第 4 章开展了压电高压变换器频率特性研究;第 5 章进行了汽车电子安全量子型控制模式压电高压变换器效率分析与设计;第 6 章开展了汽车安全气囊点火的自适应频率跟踪模式压电高压变换器研究;第 7 章进行了压电变换器型

汽车安全气囊点火系统的驱动技术研究;第8章开展了汽车安全气囊点火系统多点起动控制方法研究;第9章介绍了汽车安全气囊多点起爆控制系统的设计;第10章是总结与建议。本书具有重要的学术价值和应用价值。

王瑜博士对第7章的内容有贡献,孙梅博士对第8章的内容有贡献。在本书的成书过程中还得到了白春雨博士、郭泽荣博士、何飞云硕士以及其他朋友的大力支持,在此一并致谢!

本书得到北京工商大学学术专著出版资助,特别在此表示感谢。

限于作者的水平和局限性,不足之处在所难免,敬请各位专家和读者批评指正!

目 录

第1章 绪论 1

1.1 汽车安全概述 1
1.1.1 汽车被动安全性研究概况 1
1.1.2 汽车安全气囊发展现状及趋势 3
1.1.3 汽车安全存在的问题及其分析 6

1.2 压电变换器相关技术国内外研究概况 7
1.2.1 逆变驱动电路的研究概况 7
1.2.2 压电变压器输出电路研究概况 10
1.2.3 控制回路研究概况 11
1.2.4 国内压电变压器相关技术的研究概况 11

1.3 汽车电子安全系统的研究概况 12
1.3.1 国内外电子安全系统研究的发展历程 13
1.3.2 国内外电子安全系统高压变换器的研究概况 16

1.4 本书研究内容 19

第2章 汽车安全气囊点火系统的工作机理 21

2.1 汽车安全气囊点火系统的结构及原理 21
2.1.1 汽车安全气囊的结构 21
2.1.2 汽车安全气囊的工作原理 22
2.1.3 汽车安全气囊点火控制基础 22

2.2 汽车安全气囊点火系统的压电高压变换器技术 24
2.2.1 压电效应 24
2.2.2 压电材料及其应用 25
2.2.3 压电陶瓷变压器 25

2.3 本章小结 26

第3章 安全气囊点火系统压电高压变换器电路模型的构建 ·············· 27

3.1 汽车安全气囊点火系统高压变换电路的系统组成 ············ 27
3.2 逆变驱动电路 ······························ 27
3.3 主谐振网络及输出电路 ························ 30
3.4 控制回路 ································ 34
3.5 压电变压器等效电路模型及工作特性 ················ 34
3.5.1 压电变压器等效电路模型 ···················· 35
3.5.2 压电变压器的工作原理 ···················· 36
3.5.3 压电变压器的工作特性 ···················· 38
3.6 压电高压变换器电路模型 ······················ 42
3.7 本章小结 ································ 43

第4章 压电高压变换器频率特性研究 ·················· 44

4.1 等效电路模型参数获取方法研究 ·················· 44
4.1.1 等效电路模型参数测量研究现状及存在的问题 ·········· 44
4.1.2 导纳圆法等效电路模型参数获取 ················ 45
4.2 压电变压器负载频率特性研究 ···················· 51
4.2.1 理论分析 ·························· 52
4.2.2 实验与测试结果分析 ····················· 54
4.3 变换器的工作频率特性 ······················· 55
4.3.1 充电过程中的输出电路等效负载模型 ·············· 55
4.3.2 变换器充电过程的工作频率特性 ················ 58
4.4 本章小结 ································ 59

第5章 量子型控制模式压电高压变换器效率分析与设计 ········· 60

5.1 量子型控制模式变换器系统 ····················· 60
5.1.1 系统结构 ·························· 60
5.1.2 量子型控制模式 ······················· 61
5.1.3 系统设计要点 ························ 61
5.2 变换器系统分析与参数设计方法 ·················· 62
5.2.1 逆变驱动电路结构 ······················ 62
5.2.2 输出整流电路 ························ 63
5.2.3 电路及其工作原理 ······················ 66
5.2.4 恒流充电实现条件 ······················ 69

5.2.5 逆变驱动电路参数设计方法 ·········· 71
5.2.6 量子控制模式下驱动频率优选分析 ·········· 72
5.2.7 控制电路设计 ·········· 75
5.3 变换器主电路仿真与分析 ·········· 76
5.3.1 仿真模型建立 ·········· 76
5.3.2 仿真结果分析 ·········· 78
5.4 实验与应用实例 ·········· 80
5.5 并联压电变压器的高压变换器 ·········· 83
5.5.1 并联特性分析 ·········· 83
5.5.2 实验和测量结果分析 ·········· 84
5.6 本章小结 ·········· 86

第6章 自适应频率跟踪模式压电高压变换器研究 ·········· 87

6.1 自适应频率跟踪控制分析 ·········· 87
6.1.1 谐振支路电流滞后角分析 ·········· 87
6.1.2 基于锁相环的频率跟踪方案 ·········· 89
6.2 自适应频率跟踪控制系统设计 ·········· 91
6.2.1 控制系统电路设计 ·········· 91
6.2.2 高压变换器的控制模式 ·········· 93
6.3 实验与测量结果 ·········· 93
6.4 高阶锁相环的设计 ·········· 95
6.4.1 锁相环基础 ·········· 95
6.4.2 高阶锁相环 ·········· 97
6.5 本章小结 ·········· 102

第7章 压电变换器型汽车安全气囊点火的驱动设计 ·········· 103

7.1 驱动安全气囊点火的可调频 SPWM 脉冲信号发生器的设计 ·········· 104
7.1.1 SPWM 技术 ·········· 104
7.1.2 DDS 技术 ·········· 105
7.1.3 结合 DDS 技术的 SPWM 脉冲信号发生器的设计 ·········· 106
7.2 用于安全气囊点火的可调频 SPWM 发生器的仿真 ·········· 112
7.3 本章小结 ·········· 114

第8章 汽车安全气囊点火控制算法研究 ·········· 115

8.1 传统汽车安全气囊点火控制算法 ·········· 115

8.2 基于 BP 人工神经网络的点火判断算法 ·············· 118
 8.2.1 BP 人工神经网络算法 ························ 118
 8.2.2 点火判断算法的设计与仿真 ·················· 120
 8.2.3 算法实现 ··································· 125
8.3 结合 BP 网络与 ARMA 模型的最佳点火时刻预测算法 ········ 129
 8.3.1 系统辨识 ··································· 129
 8.3.2 ARMA 模型辨识器 ·························· 130
 8.3.3 结合 BP 网络与 ARMA 模型的预测算法的设计与仿真 ····· 131
8.4 本章小结 ······································· 135

第 9 章　汽车安全气囊多点起爆控制系统的设计 ·········· 136

9.1 多点起爆控制系统的组成 ·························· 136
9.2 多点起爆控制方案 ································ 136
9.3 系统电路设计 ···································· 137
 9.3.1 高压变换器电路设计 ························ 138
 9.3.2 控制逻辑电路设计 ·························· 140
9.4 样机设计与实验结果 ······························ 142
9.5 本章小结 ······································· 144

第 10 章　总结与建议 ·································· 145

10.1 总结 ·· 145
10.2 本书的主要创新性成果 ··························· 146
10.3 对研究工作的展望和建议 ························· 147

参考文献 ··· 148

第1章 绪 论

1.1 汽车安全概述

汽车工业已成为北京市经济的支柱产业。与房地产行业不同,它还是可持续发展的行业。近年来,我国的汽车工业有了迅速发展,汽车在国民经济的各个领域和社会发展及人民生活中发挥着越来越重要的作用。2009年,我国国内汽车销量首次超过美国,成为全球第一大汽车市场。汽车市场呈现平稳增长态势,产销量每月超过150万辆,平均每月产销突破200万辆,全年累计产销超过2400万辆,再次刷新全球历史纪录。

安全、环保、节能是衡量现代汽车技术发展水平的三个主要指标,而汽车安全技术列居首位。随着高速公路的发展和汽车性能的提高,汽车行驶速度越来越快,由于汽车的拥有量迅速增加,交通变得越来越拥挤,由此交通事故变得越来越频繁。某项研究表明,在发生撞车时,配有安全气囊系统的汽车可以对司机和乘客的安全进行有效的保护,从而降低伤亡人数。调查显示,大型轿车伤亡可以降低30%,而中型轿车伤亡可以降低11%,小型轿车伤亡可以降低14%。随着国民生活水平的提高,越来越多的用户会选择中高端配置的更安全的汽车。而随着对安全的考虑和要求越来越高,相关立法对安全气囊等汽车配件也提出了更高的要求。开展汽车安全气囊相关研究符合北京市经济发展战略,同时也是消费者的现实需要。

1.1.1 汽车被动安全性研究概况

汽车是现代工业文明的产物,在1886年由德国工程师卡尔·奔驰(Carl Benz)发明。经过百余年的不断改进与发展,汽车的性能得到不断提升,使用范围不断扩大,已经成为当代生活中必不可少的一种交通工具,并在当下的社会运转中发挥着举足轻重的作用。但是,事物都是矛盾体,都具有两面性,汽车为我们的生活提供了极大便利的同时也给我们带来了许多严重问题,比如每年大量发生的交通伤亡事故、大城市中日益严重的交通拥堵、汽车的尾气与噪声污染等。在上述问题中,直接涉及人身伤亡的交通事故问题,或者说汽车安全问题,显然更为突出,而且事实上,汽车安全问题也得到了消费者、学术与工程界及政府的广泛关注与重视。鉴于汽车安全的重要性,许多发达国家先后制定和出台了一些法律法规以提高汽车的安全性,比如英国在1858年就制定和实施了关于交通安全的"红旗法"。这部"红旗法"也是世界上最早颁布实施的道路交通安全法规。1952年,德国也颁布了自己的道路交通法,涉及汽车及其零部件。第二次世界大战之后,欧洲各国制定和实行了统一的"欧洲经济共同体指令"和"联合国欧洲经济委员会"法规。日本也较早地制定了汽车安全的相关法律法规。美国、欧洲以及日本的技术法规体系是当今最具代表性的三大汽车安全法规体系。

从分类上,汽车安全可以分为被动安全和主动安全。其中,主动安全是指对事故的预防,这种对事故的预防有两个方面,一方面是指在正常行驶时对交通事故的预防;另一方面是指在事故发生前或是将要发生时,依靠汽车的先进技术自动或人为地操控汽车的制动系统或转向系统避免事故的发生。与主动安全不同,被动安全不是一种预先的对交通事故的预防,而是在事故已经发生的情况下,采取技术措施对车内的乘员以及可能会伤害到的路上的行人进行有效保护。与此相对应,在研究方面,主动安全性和被动安全性各有侧重。主动安全性的研究主要集中在开发各种先进的智能报警装置与自动驾驶装置上,使得汽车的操纵更加稳定,制动更加快捷、可靠,行车视野更加开阔,从而从技术上预防和减少事故的发生。被动安全性研究主要集中在对汽车的车身结构设计进行改进、开发安全带与安全气囊这样的乘员约束系统等,以降低事故造成的人员伤亡与财产损失。

汽车被动性安全是汽车安全的重要组成部分,对于保护乘员安全十分重要。汽车被动性安全研究又十分复杂,涉及面非常广泛,涵盖工程技术、商业法律、卫生医疗以及社会心理等多个领域,是一项系统工程。单就汽车技术研究本身就涉及许多内容,十分复杂。它包括车身结构设计和强度改进、汽车内饰的设计、乘员约束系统的设计以及人体生物力学的研究等。汽车被动安全性因与汽车碰撞事故相联系而又被称为"汽车碰撞安全性"。

汽车被动安全性研究在减少降低碰撞损坏方面有以下几个研究方向。

(1) 尽量增大碰撞后乘员的生存空间:碰撞严重时,汽车车体将会发生变形,严重威胁乘员生命安全,所以增大碰撞后乘员的生存空间对于保护乘员十分重要,这主要通过改进车身结构和提高车身强度来实现。

(2) 尽量降低事故中的二次碰撞对乘员造成的伤害:汽车被动性安全的重点就是要降低事故中的二次碰撞所造成的伤害,所以这方面的研究也就集中在为汽车合理配置和改进各种保护装置上,比如合理布置安全带与安全气囊、加装吸能保险杠、吸能方向盘,研制效能更好的安全带与安全气囊等。

(3) 避免碰撞事故中乘员被从汽车抛出:在一些严重的碰撞事故中,汽车的速度急剧降低,有时甚至发生车体翻滚,此时乘员极有可能被从车中抛出,十分危险。而为避免乘员被抛出,可以采取加固乘员座椅、增加安全带的固定强度及加固门锁等措施。

(4) 避免火灾的发生:碰撞事故发生后,车体发生变形,有可能造成车内的电路短路以及油箱漏油,从而引发火灾,所以应尽量使用阻燃内饰材料、防止漏油、防范电气系统的火情等。

(5) 有利乘员逃生:严重的碰撞事故中,应想方设法方便乘员从事故车辆中逃生,这方面的措施包括为乘员设置逃生出口、加固车窗等。

(6) 防止撞伤行人:措施包括优化车身设计、扩大驾驶员视野、加装保险杠与装饰条等。

乘员约束系统对乘员的安全非常重要,主要包括汽车安全气囊与座椅安全带。下面就分别简单介绍一下安全气囊与座椅安全带。

安全气囊主要用于在严重的碰撞事故中,为乘员与车体之间提供一个缓冲空间,吸收乘员的前向动量,防止乘员撞上方向盘和面板等车内物体,保护乘员生命安全。通常情况下,汽车车体的前方、侧方及顶部三个地方都装有安全气囊。由于技术的不断发展进步,安全气囊的性能也得到了不断的提升,其对乘员的保护能力不断增强,保护范围不断扩大。安全气囊从仅仅能保护前排乘员到可以保护后排乘员,从只有正面保护到也可侧面保护等。实践证明,安全气囊能够在碰撞事故中对乘员进行有效保护,降低伤害与减小损失。

安全带的主要作用是在碰撞时约束人体相对于车体的运动。安全带作用的理想过程是:在事故发生的第一时间及时收紧,将保护对象迅速而牢固的限定在所在座椅上;在此之后,当汽车事故造成的冲击力的峰值过去之后,安全带会进行适度的放松,以避免因为安全带对保护对象的拉力过大而致使乘员肋骨受伤。拉力限制器和预收紧装置都是当下先进的安全带的构建。

1.1.2 汽车安全气囊发展现状及趋势

汽车安全气囊发明于 20 世纪 50 年代。美国的 John Hetrick(US2649311,1952 年)及德国的 Walter Lindne(rDE896312,1953 年)相继发明了汽车安全气囊。但是,限于技术发展水平,安全气囊在发明时还只是一种想法,并未出现有效的实际物件。1966 年,著名的汽车公司梅赛德斯-奔驰开始着手研发安全气囊装置,他们发明的安全气囊采用气体发生装置和碰撞传感器,从而使得安全气囊可以在 30 ms 的时间之内打开,同时他们采用的气囊材料是抗撕裂的织物材料,从而改善了膨胀特性,这种安全气囊最后成功地安装在了其公司的汽车方向盘中。之后,奔驰开始在公司旗下的汽车上大量装备安全气囊。而到了 20 世纪 70 年代,美国通用、日本丰田等许多著名公司与机构也陆续开始投入大量人力物力进行安全气囊的研制开发,这极大地推进了安全气囊技术的进步与应用推广。20 世纪 90 年代,有近 1/3 奔驰汽车都配备有安全气囊,而现在,全球范围配置有安全气囊的汽车多达 1 亿多辆。

鉴于汽车安全气囊对乘员安全的实际保护意义,世界上很多国家都有要求在新车上必须安装气囊。例如,1984 年,美国高速公路交通安全委员会(NHTSA)在著名的《联邦汽车安全标准》的 208 条款(Federal Motor Vehicle Safety Standard 208,FMVSS 208)中增加了安装气囊的要求,此后,欧洲也颁布了ECER94法规。1989年,美国又开始实施另一项关于安全气囊的法规,该法规不仅要求所有的新车必须安装安全气囊,甚至对气囊的尺寸也有规定。各国相关法规的出台实施极大地推动了汽车安全气囊的推广与使用。

随着安全气囊的广泛使用,汽车的被动安全性大大提高了。有关资料显示,在北美地区,得益于安全气囊的广泛使用,交通事故的死亡率降低了12%,与此同时安全气囊还有效减轻了事故对人体的伤害。然而,事物总是有两面性,安全气囊并不是完美的解决方案,安全气囊能在事故时对乘员进行有效保护,但是也可能对乘员造成伤害。主要有两个方面原因:一方面,安全气囊的点火准则设计是根据乘员常规乘坐姿态和位置,但是在实际的碰撞事故中,很多因素都会影响安全气囊对乘员的保护,比如碰撞的强烈程度、乘员与方向盘的位置、乘员的体重还有身高等;碰撞条件的不同以及特定碰撞过程中乘员在汽车中的位置都会影响安全气囊的保护效果,使乘员与安全气囊的接触时间不能达到设计要求,这样就不能达到对乘员的有效保护。另一方面,虽然安全气囊使用较为轻质的聚酯纤维布料或尼龙等材料而制成,但是在发生碰撞事故时,安全气囊瞬间展开的速度十分高,有时可以达到200 km/h以上,人体在这样的高速冲击下将会受到不小的伤害。有数据显示,在美国国内由于安全气囊的展开问题及乘员的坐姿问题所造成的乘员伤害数量比由安全气囊所挽救的乘员数量的一半还要多,比例大约为57:100。

尽管安全存在着一些缺陷与问题,但是在未来的数年甚至数十年中,安全气囊仍然会在汽车安全设备中扮演重要的角色,同时,研究人员与工程师们也在努力寻求解决方案。

当前,在技术的发展方向上,安全气囊出现了两个迥异的方向。一种发展方向以美国和日本公司为代表,他们认为安全气囊的要点在于其尺寸,所以增加汽车安全气囊的尺寸可以达到更加有效的保护乘员的效果。另一种发展方向以西欧的公司为代表,他们认为要解决安全气囊的问题并提升安全气囊的保护效果,不能仅对安全气囊本身进行研究改进,问题的解决需要综合周边要素,全盘统筹考虑,于是他们提出了一个系统解决方案,即汽车被动安全系统。该系统综合考虑了车身结构,而附属装备不仅包括安全带,还包括座椅等其他部件。比如在奔驰公司研制的PRE-SAFE预警式安全系统中就附属有一个预警传感系统,该传感系统可以对将要发生的碰撞事故进行预测,让车辆控制系统对座椅和安全带进行预先动作,从而更好地保护乘员。

未来的安全气囊将朝着智能化的方向发展,变得越来越智能,越来越高效。为了达到这样的效果,未来的安全气囊将会集成先进的信息采集单元与处理单元,使得气囊能够在事故发生后的最短时间内及时地对环境信息进行处理,进而完成安全气囊的控制。为了能够更好地掌握汽车运行时的周边信息,信息采集单元会获取乘员的身高、体重、位置、是否佩戴安全带以及碰撞的形式与强度等信息。之后,安全气囊的控制系统根据探测到的信息,在信息处理单元对其进行处理分析,进而决定安全气囊何时及以何种程度展开,从而对乘员提供最优化的保护。比如,在安全气囊的信息采集与分析系统运用先进的蓝牙、红外等传感技术获取乘员的身高、体重、车内位置等关键信息,从而在信息处理单元处理之后进行点火判断与点火时刻控制。而有的安全气囊系统还可以决策起爆的形式,比如是单级点火还是多级点火。与此同时,更完善的解决方案中,安全气囊的信息采集系统可以对汽车的多处信息进行实时采集,进而能够在汽车发生碰撞事故时较为正确地判断出汽车的碰撞形式是正面碰撞、侧面碰撞还是将要翻滚,这样安全气囊的控制系统便可以对汽车的各处气囊进行合理控制,对乘员构成有效的保护。英国 Jaguar 公司研制的自适应约束技术系统(ARTS)就代表了安全气囊的这样一种智能化的发展趋势。该系统利用超声波技术对车内信息进行实时检测,包括乘员位置、乘员身高与体重等,同时还对车辆运行信息进行监测,比如检测碰撞所需的加速度信号。根据这些由各种传感器综合探测到的信息,ARTS 就可以利用自身系统具有的灵活性,根据每个前排乘员的具体情况来确定安全气囊的触发时刻以及展开强度,实现最佳的乘员保护效果,大大减少与气囊相关的伤害。

未来的安全气囊将广泛使用多安全气囊以及安全气囊的多级控制。随着汽车技术的不断进步和汽车安全经验的不断积累,安全气囊的发展也是日新月异。按照装配气囊的数量分为单气囊系统(只装在驾驶员侧)、双气囊系统(正、副驾驶员侧各有一个安全气囊)和多气囊系统(前排安全气囊、后排安全气囊、侧面安全气囊及气帘);按照气囊爆破时的节奏可以分为一级迸发式气囊(爆发一次到位)、二级迸发式气囊(分两次有节奏地逐步爆发到位)。目前,多个二级迸发式安全气囊已经成为豪华轿车、高档轿车的标配。例如,奔腾 B70 配有的 6 个二级安全气囊如图 1.1 所示。

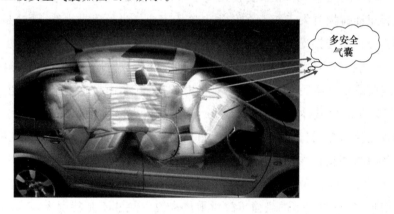

图 1.1 奔腾 B70 的 6 个二级安全气囊

在汽车安全气囊系统的发展过程中,许多其他领域的技术也得到了借鉴与应用,比如网络与总线技术。Safe-by-Wire 总线在汽车安全气囊中应用十分广泛,同时在其他的领域里它的应用十分少,可以说是安全气囊系统特有的、专门应用于气囊的网络与总线技术。为了完成对汽车安全气囊系统的有效细微的控制,Safe-by-Wire 总线技术采用了诸多的控制器与传感器,而德尔福、飞利浦等汽车电子厂商更是推出了 Safe-by-Wire Plus 总线标准。不同于 CAN、FlexRay 等整车系统常用的总线标准,这种总线标准是一种特定的、为安全气囊系统的开发而设计的 LAN 接口标准,这种标准具有十分优良的性能,其嵌入有多重保护功能使得系统即使是在发生事故的时候也不被破坏,比如在线路发生短路的情况下,采用此种总线技术的安全气囊系统不会出现错误的点爆。Safe-by-Wire 总线这种先进技术由于其优良的性能会继续在安全气囊系统中发挥更大的作用。

首先,我国对汽车安全气囊的研究起步较晚,离世界先进水平还很远。比如我国的撞车实验系统在技术上就比较落后,如果按照美国 FMVSS 208 条款要求,我们的实验系统技术上是不过关的。其次,在一些关键技术方面,我们更是落后,缺乏这些方面的专利技术,没有自主知识产权;另外,我国在安全气囊的各项技术规范以及检测技术方面也还是较为落后的。最后,我国的安全气囊在价格上也并不具有市场竞争力,不能形成一个有效的汽车安全气囊产业。尽管相当落后,但国内也存在一些公司正在对安全气囊进行着积极而有意义的研究与探索,比如我国最早在这一领域进行研发的赫达公司。同时也有不少科研工作者进行着汽车安全气囊控制的研究工作,比如清华大学的黄世霖教授和湖南大学的尹武良教授等。

1.1.3 汽车安全存在的问题及其分析

作为伴随汽车安全问题而出现的为解决汽车安全问题、最大程度保护乘员的一项科技成果,汽车安全气囊集成了各个领域的先进技术,而其效果也在实践中得到了广泛的、大量的、持续的检验。有数据显示,在没有使用安全带而在安全气囊的单独保护作用下,可以有效为乘员减轻正面碰撞时大于 50% 的伤害。鉴于安全气囊的优异性能,无论是消费者还是汽车企业都十分认可与接受汽车安全气囊。但是安全气囊并不完美,存在诸多的问题需要改进,使用安全气囊并不能完全实现安全,甚至可能会造成危险。根据测算,当一辆汽车以 60 km/h 的速度发生碰撞后会在大约 0.2 s 的时间内停下,而在这种情况下,安全气囊的弹出速度可达 300 km/h,其冲击力大约 180 kg,这是人体头部、颈部难以承受的。一旦安全气囊的弹出出现角度偏差,就会对乘员造成严重伤害。另外,安全气囊设计存在缺陷,或是使用时不妥当都有可能伤害乘员。下面列举一些使用安全气囊的不安全因素。

(1) 安全气囊可能会在较轻的碰撞事故中不必要地打开。程度较轻的碰撞事故即此时汽车的速度较低,这种情况下的碰撞事故对乘员来说危险并不是特别大,不会有生命危险,只要有安全带的防护,乘员完全可以得到足够的保护。而这种情况下,如果安全气囊进行点火起爆,不仅不能对乘员进行有效的保护,反而会对乘员造成事故以外的伤害,正所谓"过犹不及"。

(2) 安全气囊的正常启动也可能伤害乘员。如前所述,安全气囊执行保护机制时,其气囊的打开速度非常快,而且打开时气囊内气体温度较高,这样就可能对乘员造成伤害。

(3) 如果乘员是儿童,或者乘客的坐姿不当,比如偏离座位,安全气囊就不能对乘员进行有效保护,甚至反而对乘员进行伤害。

(4) 安全气囊可能在路况较差时或紧急制动时发生误爆,对乘员造成伤害和损失。

归结起来,现有安全气囊存在的问题主要表现在可靠性、准确性等几个方面。

- 可靠性较低：该开不开，不该开则开。原因是点火电压过低(5~30 V)，汽车内一般的静电放电电压可达上千伏，易引起误爆。
- 准确性不够：安全气囊的点火控制不够准确，不能达到最优保护，包括是否点火及点火时刻。原因是碰撞信号分析及控制机制不到位。

通过上述问题可以看出，未来汽车安全气囊的技术发展不能只着眼于数据采集模块、数据处理与控制模块及检测模块的改善，而是应该从点火系统入手，提高点火能量，实现多点定向精准起爆和同步控制，提高气囊的准确性、可靠性。压电变换器能够大大提高点火能量，输入和输出端口的电气隔离性能好，结构紧凑，控制简单，以压电变换器为核心的汽车安全气囊是未来的一个发展方向。压电变压器是一种通过机械振动传输能量的新型功率器件，它具有功率密度高、体积小、电磁噪声小、成本低和便于批量生产等优点。从减小汽车的电磁污染角度看，压电变压器功率变换属于绿色电源，具有重要的学术价值和良好的应用前景。

1.2 压电变换器相关技术国内外研究概况

压电变压器是一种通过机械振动传递能量的新型功率器件，与传统的电磁感应变压器相比，它具有如下优点：功率密度高、体积小、电磁噪声小、输入和输出端口的电气隔离性能好、成本低和便于批量生产等。从减小电磁污染角度看，压电变压器属于绿色电源，具有重要的学术价值和良好的应用前景。这些突出的优势使得它在许多应用领域中已成为传统电磁变压器的替代品。

压电变压器最早由 C. A. Rosen 于1957年发明，但是20世纪90年代以前，由于压电陶瓷材料功率和可靠性等方面的原因，压电变压器的发展曾一度停滞不前。近些年，功能陶瓷材料的迅猛发展，以及对微型化开关电源的需求越来越高，使得压电变压器重新得以重视。国外有关基于压电变压器的变换器研究可从逆变驱动电路、输出电路和控制回路这几方面做一概括。

1.2.1 逆变驱动电路的研究概况

近年来国外关于压电变压器逆变驱动电路的相关文献不断增多，大多应用于驱动冷阴极荧光灯及直流-直流变换器中。典型的逆变电路有单端准谐振逆变电路，如图 1.2 所示。该电路工作过程分为两个状态：S_1 闭合时，电源对电感 L 充电，S_1 断开后，电感对变压器的输入端放电，输入电感 L 与压电变压器的输入电容组成串联谐振电路，压电变压器的输入电压波形为准正弦波。此类电路的优点是：采用单开关控制可缩小电路的体积，开关损耗小，可工作在高频状态。该电路的缺点是：开关承受的电压高于输入电压的若干倍，一般用于小功率输出场合。

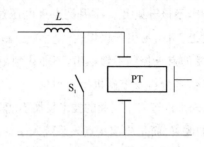

图 1.2　典型单端准谐振逆变电路

推挽型逆变电路如图 1.3 所示,文献[48]用该逆变电路驱动 CCFL,工作过程分四个状态:假设初始状态为 S_1、S_2 均闭合,当 S_1 闭合、S_2 断开时,电源通过电感 L_2 和 PT 的输入电容组成谐振电路工作,PT 的输入端为正弦波;S_1 闭合、S_2 闭合,此时 PT 输入端没有电压信号输入;S_1 断开、S_2 闭合,电容通过电感 L_1 充电,压电变压器的输入端为正弦波;S_1 闭合、S_2 断开,输入端电容通过 L_2 充电;S_1 闭合、S_2 闭合,压电变压器输入端没有电压信号输入,通过依次轮流重复上述四个状态,PT 的输入电压波形为两极性的准正弦波。该电路与上一电路相比,开关和电感分别多了一倍,但开关的电压是电源电压的两倍左右,与上一电路相比有所降低,由于使用了两个功率开关器件,电路可获得较大的功率输出。

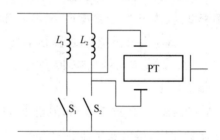

图 1.3　典型推挽型逆变电路

全桥型逆变电路如图 1.4 所示,该电路工作过程也为四个状态:S_1 闭合、S_2 断开、S_3 断开、S_4 闭合,输入端电容正向充电;S_1 断开、S_2 闭合、S_3 断开、S_4 闭合,输入端电容放电;S_1 断开、S_2 闭合、S_3 闭合、S_4 断开,输入端电容反向充电;S_1 断开、S_2 闭合、S_3 断开、S_4 闭合,输入端电容放电。如果在 S_1 与 S_2 之间以及 S_3 与 S_4 之间插入一个死区,只要严格控制死区的时间,就可以很容易地实现零电压开关(ZVS)。全桥型逆变电路中功率开关器件的耐压值只要大于电源电压值即可,比推挽式功率变换电路所用的功率开关器件需承受的电压要低 1/2。但该电路驱动控制电路较为复杂。

半桥型逆变电路如 1.5 所示,该电路工作过程分三个状态:S_1 闭合、S_2 断开,输入端电容保持充电完成状态,电压为一恒定值;S_1 断开、S_2 断开,输入端电容放电;S_1 断开、S_2 闭合,输入端电容保持放电完成状态;S_1 闭合、S_2 断开,输入端电容充电。再经过串联电感电容的作用,变压器输入端的电压就为正弦波。其中 S_1、S_2 同时断开的过程就是 ZVS 实现的

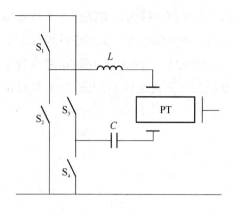

图 1.4　全桥型逆变电路

过程。半桥逆变电路功率开关承受的最大电压值也为电源电压值,该电路特别适合应用在高电压输入和大功率输出的场合,再加上要比全桥电路控制简单,所以应用越来越普遍。

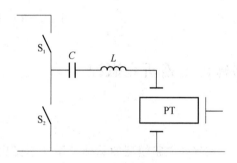

图 1.5　半桥型逆变电路

半桥逆变电路除了图 1.5 外,常见的电路按电感和电容的连接方式不同,又可分三种情况。

第一种,如图 1.6 所示,无任何电感性元件。因此为了保证 ZVS 的完成,就要求压电变压器必须具有良好的电感性。即当变压器处于工作频率时,其等效阻抗必须为电感性的。该电路优点是没有磁性元件,电路更简单。缺点是对压电变压器自身的特性有特殊要求使其应用范围受到限制。

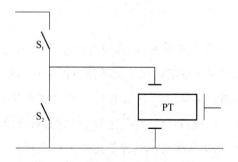

图 1.6　无电感半桥型逆变电路

第二种，如图 1.7 所示，并联电感。因为该电路压电变压器输入端电压为软方波（梯形波），所以由高次谐波引起的噪声和功耗较大。优点是设计自由度大，应用不受限制。

第三种，如图 1.8 所示，串联电感。文献[53]用该电路实现了冷阴极荧光灯的驱动，该电路中压电变压器输入端电压为正弦波电压，与上一种电路相比高次谐波的影响很小，应用最为广泛。

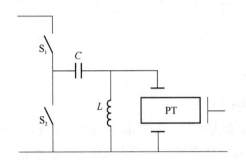
图 1.7 并联电感半桥型逆变电路

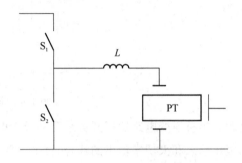
图 1.8 串联电感半桥型逆变电路

1.2.2 压电变压器输出电路研究概况

1. 输出匹配网络

Lin C. Y. 和 Lee F. C. 在等效电路模型的基础上用功率流法研究了压电陶瓷变压器的电气特性，并依此进行变压器输出匹配网络的设计。该方法以压电变压器的传统模型为基础并视其为二端口网络，当负载的导纳与压电变压器网络的等效输出导纳一致时，压电变压器网络输出功率最大，由此可以计算出压电变压器的最大输出功率。最佳负载为在输出功率不为零的条件下，压电变压器网络效率最大时所对应的负载，依此条件计算最佳负载。由于最大功率和最佳负载的条件不能同时实现，功率流法通常对两个条件采取折中方案，使得压电变压器的输出功率和效率处于一个良好状态。仿真结果表明，为了使降压压电变压器获得最佳效率，输出匹配网络必不可少。

2. 整流电路

压电变压器应用在直流输出领域时，输出电路中包含整流电路，整流电路主要有全桥整流电路、半桥整流电路、倍压整流电路和倍流整流电路。在高压输出应用中，通常选用全桥整流电路和倍压整流电路。文献[20]对压电变压器用倍压整流电路和倍流电路从输出电流、电压、功率等方面做了详细的对比分析，主要结论是，对于给定的压电变压器，当负载因子大于一个规范化参数时，倍压整流电路比倍流整流电路可以获得更高的效率和电压增益；而对于低阻抗的负载电阻，倍流电路可以获得更高的传输效率和电压增益。该结论为根据负载进行整流电路选择提供了一个参考依据。

1.2.3 控制回路研究概况

在实际应用当中,由于温度、负载等因素变化的影响,压电变压器输出电压也会发生相应的变化。为了稳定电压或使压电变压器始终工作于最佳状态,通常需要设计控制回路来调控输入端的工作频率或功率开关管的栅极信号的占空比。目前控制回路的模式主要有如下几种。

1. 量子型控制回路

Ferando Nuno 等为了使得控制电路的体积最小且质量最轻,在电路中引入了量子控制模式。该模式主要由一个产生固定的驱动频率的振荡器和一个检测输出电压的比较电路组成。其工作原理是利用振荡器产生恒定频率和占空比的驱动信号,输出电平在此输入信号的作用下,开始上升,比较电路检测到输出电平超过预设的最大值,立刻切断驱动回路,当输出电平开始低于最小预设时,驱动回路再次启动。其特点是电路简单,能把输出电平控制在设定的范围之内。但是,相关文献均没有对开关频率的选择给出一个详细的分析。

2. 脉宽调制和脉冲频率调制混合调制

其基本工作原理是利用控制切换模块,比较电平的方法,来实现固定频率,调节占空比的脉宽调制控制模式与固定占空比,调节频率的脉冲频率调制控制模式之间的切换。该控制模式的特点是充分利用了两种控制模式的优点,克服了单一用脉冲频率调制频率调节范围窄,以及单一利用脉宽调制在输入电压变动范围过大时难于有效控制输出电压的缺点。

3. 相频检测和脉宽调制联合控制

其设计的基本原理为:当变压器工作于谐振频率时,输入电压、电流的相位差为零,压电变压器的升压比达到最大,因此可以利用相频检测锁定输入电压、电流的相位,以确保变压器工作于谐振频率。利用脉宽调制可以调节输出电压。该控制回路的特点是,不论负载如何变化,总能确保器件有最佳性能,但因为加入了测量电路使电路较为复杂。

1.2.4 国内压电变压器相关技术的研究概况

国内在 20 世纪 70 年代末 80 年代初开始研究压电陶瓷变压器,并取得了许多成果。90 年代初开始得到应用。目前国内有多家高校和研究所从事压电变压器的研究。清华大学在 90 年代末就研究了压电陶瓷变压器材料的组成、结构与性能和压电陶瓷变压器的输入输出特性,并获得了多项专利。另外,山东大学、湖北大学、中国科技大学、西北工业大学、浙江大学及北方工业大学等单位均对压电陶瓷变压器的相关技术进行了研究,研究范围主要集中在大功率压电陶瓷变压器材料、单层压电陶瓷变压器及其性能、多层压电陶瓷变压器及其理论模型等方面,驱动电路方面国内虽然早在20世纪70年代已有研究,但目前相关文献并不多。文献[65,66,70]主要介绍了电路的工作原理,未对压电变压器的工作状态、主要参数进行分析,驱动电路中为了获取自激功能均引入了电磁线圈,并且电路相对复杂得多。近几年张卫平等针对DC-DC应用领域,对降压型压电变压器的窄带输入匹配网络的设计做了深入研究,以此解决在满载和轻载的情况下变换器的效率变换问题。

从应用领域来看,国内外的相关文献主要集中在驱动冷阴极荧光灯、DC-DC、DC-AC、电子镇流器等应用领域,还未见到压电变压器应用于电容充电电源领域特别是汽车安全气囊高压点火电源的相关文献。

1.3 汽车电子安全系统的研究概况

汽车电子安全系统是指控制汽车安全气囊正常运转的相关电路系统以及算法。电子安全这个概念最早起源于武器的引信电子安全与解除保险装置(Electronic Safe and Arm Device,ESAD),是指引信安全系统继机械式、机电式安全系统之后的第三代安全系统,国内一般称"电子安全系统",它是伴随着冲击片雷管的发明而发展起来的,集微电子技术、逻辑控制技术、传感技术、信息识别与处理技术、高压变换技术以及脉冲功率技术于一体,是国外自20世纪70年代以来积极研制、发展起来的系统。电子安全系统作为新一代的安全与解除保险装置,因其自身众多的优势,得到了国内外引信界的广泛重视,近些年其相关技术不断成熟及微电子半导体技术的飞速发展,使得该技术在国内外的武器装备中已得到了成功应用。

本书提出的压电高压变换器型汽车电子安全系统关键技术研究也正是利用了电子安全的设计理念和应用技术,首次引入了汽车电子安全系统的概念,通过压电变换器型汽车安全气囊控制系统的安全与解除保险装置,实现汽车的安全防护机制,具有重要的理论研究意义和应用价值。

电子安全系统应用于多点起爆控制技术中的首要问题是高效获取多个冲击片雷管的高压发火能量,即对高性能高压变换技术的研究。传统电磁变压器高频下磁性材料的磁滞损耗、涡流损耗和导体趋肤效应产生的损耗急剧增加,使得电磁高压变换器难以实现高频下的高效率工作。而压电变压器体积小,质量轻,在高频范围仍具有高能量密度、无铜损、无电磁干扰等优点。此外,压电变压器的输入阻抗随负载阻抗的减小而增加,该特性决定基于压电变压器的高压变换器无须加额外的保护电路便可应用于高压脉冲放电领域。因此,研究以压电变压器为核心器件的高压变换器可为电子安全系统的高压转换电路简化以及工作效率的提高提供一个新的技术途径。

1.3.1　国内外电子安全系统研究的发展历程

电子安全系统自从20世纪70年代在美国首次公开以来,引起了国内外引信界的普遍关注,美、英等国开始对电子安全系统和直列式爆炸序列在各种武器上的应用进行了广泛的研究,并研制成功了高可靠度、高安全性的安全与解保系统。电子安全系统在国外的发展大体上可以概括为三个阶段:概念形成阶段、理论和技术成熟阶段、功能扩展阶段。

1. 概念形成阶段

1976年,美国劳伦斯·利沃莫尔国家实验室的约翰·施特劳斯于美国战备协会弹药技术部引信分部年会上公布了一种新型冲击片雷管(Slapper)。此种雷管又被称作EFI(Exploding Foil Initiator),不同于以往的高感度雷管,它依靠高压储能电容,在瞬间以6~10 MW的功率释放到雷管的铜桥箔上,被气化的铜桥箔推动一个高速冲击片起爆钝感高能炸药。此能量很难在自然环境中重现,所以其安全性高,可靠性高。电子安全系统便是以此为核心部件建立起来的。

20世纪80年代初由美国Sandia国家实验室和Harry Diammand实验室提出了系统组成的一般模式。采用两个物理独立控制芯片、三个能量隔离开关实现冗余保险,该结构至今仍作为电子安全系统研究的基本框架,如图1.9所示。该电子安全系统主要由两部分组成,第一部分是低压安全逻辑电路,包括环境与目标探测、保险与解除保险控制逻辑、数据接口电路等。第二部分是高压起爆装置,包括高压变换器、起爆电路以及冲击片雷管等。起爆部分为直列式爆炸序列,不存在机械移动隔爆装置。为满足这种电子控制的非隔断电子爆炸序列的安全冗余性的要求,设计了三个分别由不同安全特性控制的电子开关来隔离能量通道,以避免意外解除保险。

2. 理论和技术成熟阶段

20世纪80年代末90年代初,微电子半导体技术的飞速发展使得电子元器件集成度大幅提高,成本逐步下降。ESAD的设计思想和设计专利不断提出,从而推动了ESAD系统的发展和成熟。

1985年著名引信专家S. E. Fowler发表了专利《自检解保发火控制器》,该装置采用微处理器和一组逻辑网络用于状态控制,使得电子安全机构的安全性和可靠性从技术实现上达到了所要求的水平。

1991年由Willis等发表的专利《模块化电子安全与解保装置》对电子安全机构的通用化进行了研究。该设计使用标准的电路结构,将装置模块化,分为逻辑模块、通用的电压控制模块和通用的高能发火模块。逻辑模块是采用时序逻辑设计实现的。

1993年由Hunter等发表的专利《通用电子安全与解保系统》将专用集成电路(ASIC)引入电子安全装置,用于状态控制。将一些分立的逻辑器件,如智能与门、锁存器、指令解保寄存器、可编程计数器等集成到一块芯片内,提高了系统集成度和通用性,该系统可以针对不同的武器系统,选用不同的I/O接口电路,进行应用。

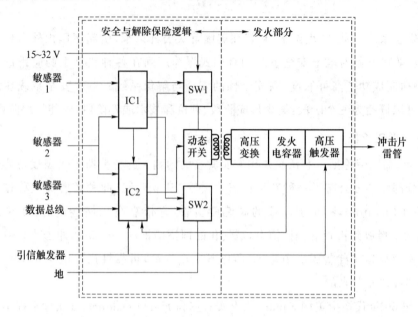

图1.9 电子安全系统结构框图

从这些专利或设计中可以看出,当时电子安全系统的发展重点集中在安全与解保控制逻辑的设计、电子安全与解保装置的通用化和标准化应用、控制模块如何提取有效的环境信息、复杂连锁时序和时间窗设计以及目标解除保险逻辑等问题上。

3. 功能扩展阶段

MEMS技术的引入、可编程逻辑器件的运用以及制导引信一体化(GIF)思想的指导,使得ESAD向着微型化、低成本以及应用于更加广泛的武器系统发展。

在1999年美国第43届引信年会上,SANDIA国家实验室的Victor C. Rimkus就电子安全与解保装置的微型化发展做了介绍,指出了ESAD的发展方向,即微型化和低成本,以便将来应用于引爆装置。小型化需重点解决的问题和器件包括低能冲击片雷管、固态高压开关、高压陶瓷电容等。

国外对引爆装置信息的综合利用和硬件资源共享极为重视。早在20世纪70年代中期,美国在论证用于空对空模块式数字引爆装置的制导中,提出了引爆装置系统设计应与制导系统功能结合起来,即引信制导一体化(GIF)的概念。传统机械式安全与解保装置很难实现与制导系统之间信息的传递与共享,电子安全系统能很好地解决这个难题,使得GIF的概念得到进一步拓展,体现在电子安全系统中控制芯片与引爆装置计算机之间进行信息传递,一方面,可将电子安全解保装置的状态反馈给引爆装置上的计算机,参与决策;另一方面,电子安全系统可利用目标信息和引爆装置上的过载信息,参与状态变换,实现目标解除保险,确保引爆装置的安全。此外,还可实现发动机续航点火和起爆一体化等控制。

在美国第45届引信年会上,著名引信提供商KDI公司推出了一款用于"制导多管火箭系统"(GMLRS)中的电子安全与解保装置。设计中,通过一个发送接收器与引爆装置上的计算机进行串口通信,很好地实现了信息共享。装置低压控制部分采用FPGA可编程逻辑器件,不仅可缩短系统开发周期,而且可大大缩小装置体积,同时增强了系统灵活性和通用性;高压起爆部分的高压转换器同时为高压储能电容和触发电路的电容充电,简化了触发电路。

而从近几年的引信年会上可以发现,随着低能冲击片雷管技术的逐步成熟,电子安全系统的高能起爆部分体积越来越小,应用也越来越广泛。美国空军研究实验室在2005—2007年的美国引信年会中介绍了一种适应性小型起爆系统技术(Adaptable Miniature Initiation System Technology),并用该技术实现战斗部的多点顺序起爆。图1.10为小型发火系统的实物图,图1.11为起爆点在战斗部中的布置示意图,图1.12所示为整个系统及附件。

图1.10 小型发火系统

图1.11 起爆点在战斗部中的布置示意图

图1.12 系统样机

在美国第52届引信年会上,以色列兵器工业集团公司已将电子安全系统应用于M203武器系统中,该产品样机如图1.13所示,主要参数为,发火电容电压为1 200 V,充电时间不大于300 ms,外形体积方面,外廓直径为34.7 mm,高度为10～15 mm,该公司还指出未来几年将逐步实现片上引信系统。

图1.13 M203电子安全系统样机

国内电子安全系统的研究始于20世纪80年代，主要由北京理工大学和兵总213所进行预研，其中北京理工大学引信动态特性国防科技重点实验室在电子安全系统的系统设计和状态控制等方面进行了较为全面的研究，包括系统设计原则、系统状态控制原则、电子安全系统可靠性研究、环境识别技术、状态控制电路实现研究、控制电路集成化研究及系统的工程化研究。兵总213所重点对电子安全系统所用的冲击片雷管及其匹配的起爆电路进行了深入研究，并在关键技术上取得了突破性成果。其间所研制的引爆装置的电子安全系统的初样机基本能满足工程要求，样机如图1.14所示。此外，中国工程物理研究院也对该技术展开了全面的研究。目前，国内已有成熟产品在若干引爆装置中得到成功应用。

图1.14 某型号电子安全系统样机

1.3.2 国内外电子安全系统高压变换器的研究概况

针对电子安全系统高压变换电路研究领域，查阅到的国外相关研究主要以基于电磁变压器的高压变换电路为主。其中，1985年Ralph E. Foresman和Kerry J. Harries发表了用于引爆装置电子安全系统的高压能量变换电路，如图1.15所示。

该转换电路采用单端反激式拓扑结构，触发器60接收微处理器65的高频信号和接收晶体管55的信号R共同控制动态开关的导通与截止。电容充电状态通过分压电阻75和76进行控制，达到预定值后，停止充电。该电路为了达到较大的功率和升压比，采用了多个变压器进行充电，使得电路结构变得较为复杂，而且电磁变压器的增多也使得电路的电磁环境变得恶化。

1987年，William F. Marshall为引信开发了高压变换电路，如图1.16所示。该电路采用电容组$C_1 \sim C_8$将热电池或空气涡轮机产生的能量存储起来作为待转换能量，通过变压器及整流二极管对高压电容进行充电。开关管导通与截止由Q_2、C_{10}以及比较器21进行控制。高压电容下面串联一个测试电阻进行对高压电容电压状态的监控，达到预定电压后终止充电过程。

该电路能够实现电容组随着电压的下降而调节开关Q_1的导通时间，一定程度上实现了对充电过程的控制。但是，该电路时间调节功能由分离器件构成，结构复杂，可靠性降低。

1995年Craig J. Boucher论述的电子安全系统能量变换电路的组成结构如图1.17所示。

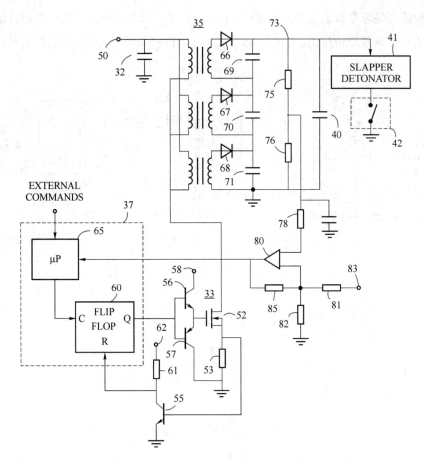

图 1.15 反激式能量变换电路结构图

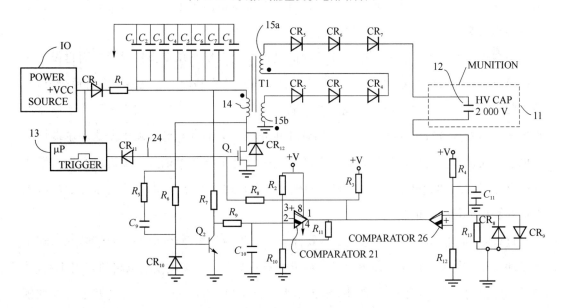

图 1.16 引爆装置高压变换电路

该电路结构使用是单端反激式的拓扑结构,通过动态开关 126 的导通和截止控制引爆装置上直流电源激励变压器原边绕组。驱动动态开关的工作信号采用固定频率的方波信号。

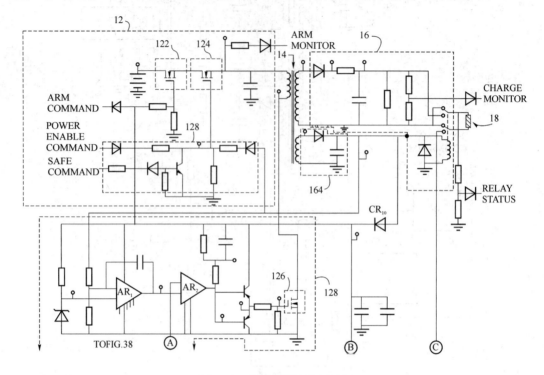

图 1.17 起爆能量变换原理图

从以上专利文献可以看出,设计基本为利用电磁变压器实现功率变换,且以单端反激式的拓扑结构为多。目前还未看到国外针对压电变压器用于电子安全系统高压变换技术领域的相关文献。

国内相关科技人员在基于电磁变压器的电子安全系统高压变换器设计方面也做了大量的研究工作。其中文献[28]以单端反激式开关变换器为基础进行电路暂态特性分析,并依次归纳了开关变换器设计中实现最佳控制的途径。文献[29]以克服高压脉冲变压器波形畸变为出发点进行了变换器的针对性设计和分析。文献[30]对单端正激式和单端反激式的高压能量转换电路进行了设计。文献[31]则设计了单管单端带有续流绕组的正激式逆变电路。文献[32]建立了高压能量变换电路的离散时域数学模型,并进行了滞回电流控制模式高压能量转换电路设计。

近些年,随着国内生产压电变压器器件能力的不断提高及产品的不断成熟,北京理工大学和兵总 213 所开展了对压电变压器用于电子安全系统的高压变换电路的应用研究,并总结了大量的工程应用经验。其中,作者作为项目主要参与人员,所设计的基于压电变压器的高压转换电路已用于引爆装置的电子安全系统中,样机如图 1.18 所示。

图 1.18　引爆装置电子安全系统样机

1.4　本书研究内容

压电变压器具有体积小，质量轻，在高频范围工作能量密度高、无铜损、无电磁干扰等优点，本书将压电变换器技术创新性地应用于汽车安全气囊点火系统，安全与环保相结合，大大提高了汽车安全的可靠性和准确性；同时，也符合国家新能源汽车发展规划。该技术将在汽车安全领域具有很强的现实意义和广阔的应用前景，将会产生显著的经济效益和社会效益。

主要研究内容安排如下。

(1) 压电高压变换电路系统模型

根据电子安全系统的工作原理和特点提出压电高压变换器的系统组成结构，分析研究各组成模块的功能和所需解决的主要问题，确定变压器的等效电路集总参数模型，分析压电变压器的工作原理和工作特性，在此基础上给出变换器的拓扑结构电路模型。

(2) 压电高压变换器频率特性研究

压电高压变换电路在工作过程中，输出电路是宽范围变化的负载，研究其负载频率特性为系统的驱动频率选择优化提供理论依据。针对课题选用的压电变压器，详细分析模型参数的测试方法和参数计算的理论依据，通过实际测量的方法确定其较为精确的等效电路模型的集总参数。对输出电路利用基波分析法，确定输出电路的等效阻抗。在此基础上研究整个变换电路充电过程中的频率特性。

(3) 量子型控制模式压电高压变换技术最佳工作效率研究

研究变换器中压电变压器输入匹配网络和输出网络，通过对电路的建模，分析量子控制模式下电路参数的确定方法，重点分析逆变驱动电路的工作模式、变换器实现恒流充电的条件，为变换器高效工作时逆变驱动电路参数和驱动频率选择提供理论依据。建立电路的仿真模型克服实际电路中部分参量不可测试的缺点,为更深入理解变换器的工作过程、验证电路分析的正确性以及变换器电路参数优化提供一个辅助工具,从而实现能量的有效利用,提高工作效率。

(4) 自适应频率跟踪模式压电高压变换技术研究

针对环境温度较低时,压电变压器充电时长增加的问题,提出自适应频率跟踪模式控制方案,对实现的理论依据进行分析,通过建立实验样机验证方案的可行性。

(5) 压电变换器型汽车安全气囊点火系统的驱动技术研究

压电陶瓷高压变压器是安全气囊点火系统功率变换的核心,如何实现其高效驱动十分重要。本书就这一问题进行研究分析并最终结合DDS技术给出了一种用于驱动Rosen型压电变换器的可调频SPWM发生器的设计,并进行了仿真。

(6) 汽车安全气囊点火系统多点起动控制方法研究

提出以压电高压变换器为核心技术的安全气囊点火系统多点起爆控制解决方案。根据多点起爆装置配置结构的不同,提出起爆控制解决方案,并在此基础上设计控制逻辑电路和高压变换器电路。

第 2 章 汽车安全气囊点火系统的工作机理

2.1 汽车安全气囊点火系统的结构及原理

2.1.1 汽车安全气囊的结构

一般来讲,汽车安全气囊系统在原理上由点火电路、气体发生器和气袋三部分组成,点火电路包括传感器系统、电子控制系统和气囊点火装置。安全气囊系统的工作过程为:由安全气囊的传感器系统实时检测车辆运动情况,并将这些信息交由微控制器处理,微控制器根据控制算法对数据进行运算处理并对当前车体状态进行判断,如果判断为发生严重碰撞事故并且需要点火,就对安全气囊给出点火起爆信号,气囊快速展开为乘员提供缓冲,从而对乘员进行保护。

实际的安全气囊系统都是由多个相对独立的功能模块组成的。在结构上,安全气囊系统主要由数据采集模块、数据处理与控制模块、点火系统、通信模块、电源及检测模块组成,其结构如图 2.1 所示。

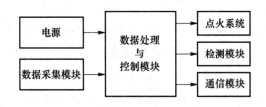

图 2.1 安全气囊系统的结构组成

图 2.1 中,电源模块为系统各个部分提供电力支持,保障系统的正常工作;数据采集模块是安全气囊系统的数据采集中心,进行对外部信息的实时监测,由分布于车体各处的各种传感器及相关组件组成;数据处理与控制模块是安全系统的核心部分,主要完成对数据采集模块所检测到的信息的处理,并且根据结果完成对点火系统的控制,这一部分的核心通常是电子计算控制器;点火系统接受控制模块的指令,对气囊进行点爆;检测模块负责完

成系统自检,确保系统正常工作;通信模块负责系统内部及系统与外部的通信。

将压电变换器应用于汽车安全气囊点火系统,安全与环保相结合,将提高汽车安全气囊动作的可靠性和准确性。文献[1]给出的采用压电陶瓷高压变换器的安全气囊点火系统的主要结构包括中央电子控制器(ECU)、压电高压变换器和点爆装置,其结构如图2.2所示。

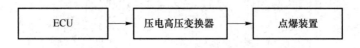

图 2.2 安全气囊点火系统

图 2.2 中,ECU 根据汽车上安装的加速度传感器所检测到的加速度信息,结合点火控制算法,做出点火决策;压电高压变换器是能量转换单元,为点爆装置提高高压能量。安全气囊点火系统的关键是遇到故障时实现精准点火,其核心是采用高性能高压压电变换技术,高效地获取点火的发火能量。

2.1.2 汽车安全气囊的工作原理

首先,我们说明一下在汽车发生事故时,乘员是如何伤亡的。汽车事故的碰撞过程其实分为两个过程,或者说有两次碰撞。第一次碰撞,又称一次碰撞,是汽车与引发碰撞的障碍物之间的碰撞。一次碰撞会使汽车速度急剧下降,甚至造成汽车车体变形。一般情况下,一次碰撞可以使得时速 30 km 以上的汽车在不到 200 ms 的时间内停下。一次碰撞之后发生在乘员与汽车内部构件之间的碰撞,我们称为二次碰撞。在一次碰撞使得汽车急剧减速之后,车内乘员相对车体就具有很高的速度,这样就会发生乘员与车内前部的碰撞并对乘员造成伤害,这便是二次碰撞发生的原因。说明了汽车事故中发生的两次碰撞后,接下来对安全气囊的基本思想进行介绍。从前面的分析我们发现,在汽车事故的两次碰撞中,主要是第二次碰撞对乘员造成伤害,所以安全气囊的保护作用是在一次碰撞发生之后、二次碰撞之前,对碰撞信息进行准确分析判断而后在必要的情况下进行点火,迅速地在乘员和汽车构件之间形成一道缓冲,保护乘员免受伤害。汽车安全气囊一般由传感器(Sensor)、微控制器(ECU)、气囊(Bag)、续流器(Clock-spring)等组成。其中,传感器对汽车的运行状态进行实时监测,并将这些信息发给微控制器,微控制器对数据进行运算并对当前车体状态进行判断,如果判断为发生碰撞并且需要点火,就对安全气囊发出点火起爆信号,气囊快速展开为乘员提供缓冲保护。这便是汽车安全气囊的基本工作原理。

2.1.3 汽车安全气囊点火控制基础

汽车安全气囊的点火控制理论涉及很多方面,比如汽车机构及其碰撞特性、安全带的特性、试验假人的因素、座椅及其碰撞特性、实际碰撞中数据的采集以及数据的处理,除这些汽车相关因素外,还有生物力学因素等。所以,为了使安全气囊能够对乘员起到更好的保护作用,需要对碰撞伤害进行系统的科学评价。

1. 乘员伤害评价指标

要研究安全气囊点火控制算法,首先要了解如何评价乘员的伤害。安全气囊是用来保护乘员的,其控制算法的研究就是要使得安全气囊能够发挥最大效能,为乘员提供最优保护,减少碰撞对乘员的伤害,所以设计与评价安全气囊控制算法都需要首先了解乘员伤害评价指标。乘员伤害指标要根据人体生物工程研究的成果来确定,目前主要以美国的FMVSS 208为标准进行评价。安全气囊具有自己的特殊性,需要评价的指标也比较多,包括乘员头部伤害指标(Head Injure Criteria,HIC)值、腿部力、胸部加速度以及事故造成的对乘员面部、胸部、颈部的伤害情况等。这里我们给出一些乘员主要部位的伤害指标。

(1) 头部伤害指标(HPC)应不大于1 000,并且头部合成加速度大于$80g$的时间累积不应超过3 ms,但不包括头部反弹;

(2) 胸部的挤压变形量应小于等于75 mm;

(3) 大腿骨轴向载荷应小于或等于10 kN。

介绍完了安全气囊的相关指标,接下来介绍安全气囊的点火条件。

2. 安全气囊点火条件

首先介绍安全气囊点火条件的含义。

(1) 点火条件的含义

安全气囊点火条件就是说安全气囊在怎样的碰撞条件下必须点火,而不满足怎样的条件时不可以点火,或者说,确定点火阈值。一般情况下采用安全气囊的引爆速度来刻画安全气囊点火条件,即采用某种正面碰撞的等效初速度,而这种正面碰撞的强度与事故的强度等效,即按照碰撞强度将碰撞等效到正面碰撞,统一用速度衡量。

(2) 点火条件的确定

由于汽车碰撞发生的形式各不相同,碰撞的强度大小各异、发生碰撞的车体变形及加速度变化各不相同,而且不同汽车厂家采用的点火系统的设计更是千差万别,所以对于汽车安全气囊的点火条件并不存在统一的、固定的指标。一般来讲,在安全气囊系统的开发上主要存在美国式与西欧式两种思想。在美国,要求安全气囊系统对没有佩带上安全带的乘员能够进行有效保护,所以点火条件要求车速为18~20 km/h时安全气囊系统就会发出点火信号进行起爆。比如,美国Ford公司的安全气囊点火条件是:高于22.4 km/h时必须点火,低于12.8 km/h正面撞击固定壁时不点火,在两者之间不作要求。在欧洲,安全气囊作为三点式安全带的扩充已作为法规要求强制安装。试验表明,三点式安全带在高于30 km/h车速的碰撞中,乘员头部有第二次碰撞的危险。所以,气囊点火条件是:大于30 km/h的速度碰撞时,必须点火;低于20 km/h正面撞击固定壁时,不应点火;而在两者之间不作要求。

3. 安全气囊点火时刻

首先介绍一下最佳点火时刻（Required Time to Fire，RTTF）。

（1）最佳点火时刻的含义

最佳点火时刻简单来说就是能够使安全气囊发挥最好保护效果的时刻，也就是说能够保证在安全气囊完全展开时，车内乘员的头部正好与气囊相接触，从而达到最佳保护效果，而能够达到这样一种状态的安全气囊点火时刻就称为最佳点火时刻。根据这项点火准则，在碰撞过程中，安全气囊必须在乘员的头部位移达到最大允许位移量前就已经充分展开。这里的乘员最大允许位移量是指从汽车碰撞发生到乘员被约束系统有效作用这段时间乘员的位置之差。

（2）最佳点火时刻的确定

气囊和乘员接触后两者的作用是一个很复杂的随机过程。研究气囊系统的最佳点火时刻，需要解决以下几个问题。首先，我们要搞清楚在碰撞事故中，安全气囊从起爆到扩展到最大的整个过程中，各个内部因素之间的关系；其次，我们要研究乘员在受保护的过程中，其与安全气囊的相互作用；最后，我们需要了解相关伤害指标以量化分析保护效果。为了确定最佳点火时刻，国外进行了大量的探索试验和分析研究并提出了目前普遍采用的"127 mm—30 ms"准则。其含义是：在汽车碰撞过程中，乘员相对于车体向前移动 127 mm 时刻的前 30 ms 即为安全气囊的最佳点火时刻。这条准则的主要依据是，对于多数汽车而言，一方面，安全气囊从点火到充满气体所经历的时间为 30 ms；另一方面，乘员和方向盘的间距为 305 mm，而安全气囊完全充气后的厚度通常为 178 mm，这样就把乘员向前的位移量达到 127 mm 的时刻之前 30 ms 的时刻作为安全气囊的最佳点火时刻。

通过前面的分析可知，汽车安全气囊点火系统应该从点火系统控制入手，提高点火能量，实现多点定向精准起爆和同步控制，提高气囊的准确性、可靠性。压电变换器能够大大提高点火能量，输入和输出端口的电气隔离性能好，结构紧凑，控制简单，以压电变换器为核心的汽车安全气囊是未来的一个发展方向。

2.2 汽车安全气囊点火系统的压电高压变换器技术

2.2.1 压电效应

压电性是电介质在压力作用下发生极化而在其两端表面之间出现电位差的性质。压电性最早由法国人 P. 居里和 J. 居里在 1880 年发现，他们发现石英晶体受到外部压力时会在其表面产生一定量的电荷,而电荷量与其所受的压力大小成正比,他们将这种现象称为压电效应,并将具有压电效应的物体称为压电体。

根据相关文献,压电效应的定义是:某些电介质在沿一定方向上受到外力的作用而变形时,其内部会产生极化现象,同时在它的两个相对表面上出现正负相反的电荷。

2.2.2 压电材料及其应用

压电材料的广泛应用是从20世纪40年代中期开始的。虽然压电效应早在1880年就由居里兄弟在对晶体材料的研究中发现,但是由于技术发展缓慢,一直到20世纪40年代,压电材料的使用都只局限于最初发现的晶体材料。然而40年代中期出现了钛酸钡陶瓷之后,压电陶瓷迅速发展,在许多场合已经取代了压电单晶并得到了广泛的应用。而后发现的PZT压电陶瓷更是性能优越。PZT压电陶瓷(锆钛酸铅)具有钙钛矿型结构,是$PbZrO_3$和$PbTiO_3$的固溶体,具有比其他铁电体更优良的压电和介电性能,在谐振器、换能器及驱动器等许多压电器件中获得广泛的应用。表2.1列举了几种主要的压电材料类型。

表2.1 几种主要的压电材料类型

结构	晶系	点群	实例	类型	T_c/K
氢键型	单斜	2	TGS	热电晶体	322
铋层状化合物型	单斜	m	$Bi_4Ti_3O_{12}$	电光晶体	648
石英型	三方	32	水晶	压电晶体	850
铌酸锂型	三方	3m	$LiNbO_3$	高温铁电晶体	1 483
钙钛矿型	四方	4mm	$BaTiO_3$	铁电晶体	393
钨青铜型	斜方	mm2	BNN	非线性光学晶体	833
焦绿石型	斜方	mm2	$Sr_2Nb_2O_7$	高温电光晶体	1 615
纤锌矿型	六方	6mm	CdS	压电半导体	—
—	—	—	∞m	极化后铁电陶瓷	压电铁电陶瓷	393~1 483

2.2.3 压电陶瓷变压器

压电变压器是一种压电换能器,它利用了压电陶瓷的机电能量转换机理。压电变压器先将输入的电能转换为机械能,再将机械能转换为电能。压电陶瓷变压器依靠机械振动的形式进行工作,根据振动模式的不同,压电陶瓷变压器分为纵向振动模式、径向振动模式和厚度振动模式等振动模式的变压器。

压电陶瓷变压器的种类很多,应用最为普遍的是Rosen型压电陶瓷变压器。这是一种典型的纵向振动模式的压电陶瓷变压器,其结构原理如图2.3所示。

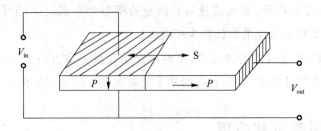

图 2.3　Rosen 型压电陶瓷变压器原理图

　　Rosen 型压电陶瓷变压器在结构上可以分为左、右两部分。左半部分沿厚度方向被极化,其上下表面都有银电极,是电能的输入端;右半部分沿长度方向被极化,其右端表面上有银电极,是电能输出端。当在左半部分加上交变电压时,压电变压器将在逆压电效应下产生沿长度方向的伸缩振动,同时将输入的电能转换为机械能;而右半部分则与左半部分一样沿长度方向伸缩振动,同时在正压电效应下将机械能转换为电能,从而产生电能输出。如图 2.3 所示,在此例中,压电变压器的长度要大于厚度,故其输出电压要大于输入电压,为升压变压器。一般输入几伏到几十伏的交变电压,便可输出几千伏的高压。

2.3　本章小结

　　本章从安全气囊点火系统的结构和工作原理出发,得出这样的结论:汽车安全气囊点火系统应该从点火系统控制入手,提高点火能量,实现多点定向精准起爆和同步控制,提高气囊的准确性、可靠性。而压电变换器能够大大提高点火能量,输入和输出端口的电气隔离性能好,结构紧凑,控制简单,基于压电变换器的汽车安全气囊点火控制是未来的一个发展方向。

第3章　安全气囊点火系统压电高压变换器电路模型的构建

汽车安全气囊点火系统中高压变换器受到能量、空间和时间的限制,要求高压变换电路简单可靠并能快速高效地工作,因此有必要对变换电路系统模型进行深入的理论研究。目前国内外还没有关于汽车安全气囊点火系统压电高压变换器等效模型的系统研究,本章将从汽车安全气囊点火系统工作原理分析入手,提出汽车安全气囊点火系统高压变换电路系统的组成结构,分析各个模块的功能和满足系统高效工作需解决的关键问题,最后给出整个变换器的主电路模型。

3.1　汽车安全气囊点火系统高压变换电路的系统组成

汽车安全气囊点火系统的高压变换电路的具体任务是,在电子安全系统解除保险后,在规定时间内高效地向发火电容器充电。系统基本结构如图 3.1 所示,由主电路和反馈控制电路组成。主电路实现从低压直流电压源变换到高压直流输出的功能。反馈控制电路通常实现稳定输出电压并使压电变压器始终工作在高效传输能量状态。

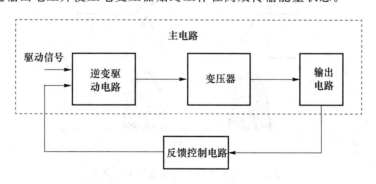

图 3.1　变换器系统结构框图

3.2　逆变驱动电路

压电变压器的自身谐振频率较高,与之匹配的逆变驱动电路中的功率开关工作于谐振频率附近。为了有效减小开关损耗,逆变驱动电路中的功率开关应该工作在软开关状态。

逆变驱动电路通常包含开关网络和压电变压器输入匹配网络。它的作用是把直流能量转换为驱动压电变压器工作的交流能量,开关的输入信号通常为一个方波信号,经过逆变驱动电路输出电压通常为一个正弦波或准正弦波信号。对于普通 DC-DC 应用领域,逆变驱动电路的设计重点是最大限度地降低压电变换器的增益对输入电压和负载变化的敏感程度,通常是考虑尽可能缩小变换器的操作频率带宽来达到该目的。而对于汽车安全气囊点火系统的高压变换电路,功率开关通常就是由电子安全系统中三个冗余开关中的动态开关构成的,工作过程中开关上的电压最大值为系统直流电源的数倍,功率开关承受的电压应力较高,而压电变压器的自身谐振频率也比较高,所以为了有效减小开关损耗,逆变驱动电路中的功率开关必须工作在软开关状态。此外,逆变驱动电路应能实现灵活调节网络输出准正弦电压的幅值,以此调节压电变压器的输出功率,满足对系统设计降额级别的要求。

逆变驱动电路设计的详细内容将在后续章节中介绍。为了深入研究逆变驱动电路软开关条件的实现问题,这里先对软开关技术做一简述。

软开关是相对于硬开关提出来的,一般的理解是:硬开关过程是通过突变的开关过程中断功率流完成能量的变换过程。工作于硬开关状态下的功率变换电路,由于功率开关管并不是理想开关,开和关不能瞬时完成,需要一定时间。在这段时间里,开关管两端电压或通过电流减小的同时,其上通过的电流或两端的电压又开始上升,形成电压和电流波形的交叠,从而产生了开关损耗。如图 3.2 所示,显然,随着开关频率的提高,开关损耗将成正比线性上升。

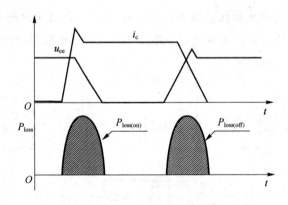

图 3.2　开关管开关时的电压电流波形

此外,开关管工作在硬开关时还会产生高的 di/dt 和 du/dt,从而产生大的电磁干扰。电路中寄生参数的影响以及寄生参数之间的振荡,使开关管在硬开关状态下的开关环境进一步恶化。若不改善开关管的开关条件,其开关轨迹很可能会超出安全工作区,影响开关的可靠运行,如图 3.3 所示。

减小开关损耗的途径就是实现开关管的软开关,因此软开关技术应运而生。软开关通常是指零电压开关(Zero Voltage Switching,ZVS)和零电流开关(Zero Current Switching,ZCS)或近似零电压与零电流开关。软开关过程是通过电感 L 和电容 C 的谐振,使开关器件中电流(或两端电压)按正弦或准正弦规律变化,当电流自然过零时,使器件关断,当电压下降到零时,使器件导通。开关器件在零电压或零电流条件下完成导通与关断的过程,将使器件的开关损耗理论上为零。图 3.4 给出了开关管工作在软开关条件下的开关轨迹,从图中可以看出,此时开关管的工作条件很好,不会超出安全工作区。

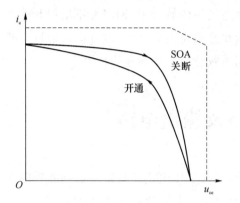
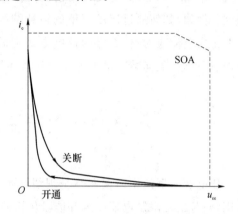

图 3.3　开关管工作在硬开关条件下的开关轨迹　　图 3.4　开关管工作在软开关条件下的开关轨迹

在直流-直流脉宽调制变换器设计中较早提出的软开关变换器是准谐振变换器(Quasi-Resonant Converter,QRC),因电路工作在谐振的时间只占一个开关周期中的一部分,故称为准谐振。准谐振变换器通过谐振使开关器件上的电流或电压按准正弦规律变化,从而创造出零电流或零电压开关条件,极大地减小了变换器的开关损耗和开关噪声。由于准谐振变换器不能使电路中的有源开关和二极管同时具有软开关条件,因此之后又提出了多谐振变换器(Multi-Resonant Converter,MRC)。在多谐振变换器中,由于电路中的谐振拓扑和参数不止一个,故称为多谐振。在准谐振变换器和多谐振变换器中,输出电压的调节是通过调节开关频率实现的,当负载和输入电压在大范围内变化时,开关频率也需要大范围的变化,这使得滤波器的设计变得很困难。为此,又提出了零电压开关脉宽调制变换器和零电流开关脉宽调制变换器。这种类型的变换器将准谐振变换器与常规的脉宽调制变换器相结合,通过附加的辅助有源开关阻断谐振过程,使电路在一周期内,一部分时间按零电压开关或零电流开关准谐振方式运行,另一部分时间按脉宽调制方式运行,既具有软开关的特点,又具有脉宽调制恒频占空比调节的特点。在零电压开关脉宽调制变换器和零电流开关脉宽调制变换器中,谐振电感串联在主功率回路中,因此电路中总是存在着很大的环流能量,这不可避免地增加了电路的导通损耗;另外,电感储能输入电压和输出负载有很大关系,这使得电路的软开关条件极大地依赖输入电源和输出负载的变化。为了解决这些问题,零电压转换脉宽调制变换电路和零电流转换脉宽调制变换电路被提出。在这种类型的电路中,辅助谐振电路与主功率开关管并联,电路中环流能量被自动地保持在较小的数值,且软开关条件与输入电压和输出负载的变换无关。上述各种软开关变换技术在实际的直流-直流变换器的设计上正在获得越来越广泛的应用。

在直流-交流逆变器研究方面,自 Divan 博士提出了谐振直流环节逆变器后,软开关逆变电路的研究成为电力电子学领域中的热点研究方向之一。由于谐振软开关逆变电路与常规硬开关逆变电路相比具有明显的优点,因此,从 20 世纪 80 年代末以来,在每一年的 IEEE-IAS 年会、PESC 年会、IPEC 等会议上都有大量的关于这个领域研究的论文发表。但在实际应用中,软开关逆变器目前还远未达到成熟的程度,还有许多问题需要作进一步的研究。例如,如何通过比较简单的拓扑结构实现逆变器的软开关,同时并不增加开关器件的电压或电流应力;什么样的控制方式更适合于软开关逆变器;怎样设计高频谐振电感更合理、更有效,如何减少谐振电路中元器件的数量并简化谐振变换器的结构。

3.3 主谐振网络及输出电路

压电变压器的主谐振网络呈现线性带通特性。这里压电变压器不仅起到变压隔离的作用,同时也是限制电能变换和能量传输的主要元件。由其频谱特性知,当网络是一个高 Q 值的谐振网络且开关驱动频率比较接近于系统的串联谐振频率时,网络的输出信号中只含有逆变网络输出信号的基波,其余高次谐波分量可以忽略不计。也就是说,整流网络的输入信号为一个正弦量。所以可以认为该谐振变换器只通过基波传输能量,在工作过程中谐振电路中的各电量为正弦量。

输出电路是变换电路中压电变压器所有后端网络的总称,通常输出电路包含输出匹配网络、整流电路和负载电路。输出匹配网络的目的是使压电变压器的工作效率最大化,并减小流入压电变压器的无功功率。整流电路的作用是把交流能量转换为直流能量,高压小功率的应用场合中通常利用单相性的无源器件组成倍压整流电路。汽车安全气囊点火系统高压变换电路的负载电路主要包含高压发火电容和反馈回路中的分压电阻,与普通 DC-DC 变换器的差别是,前者属电容充电电源,负载呈容性阻抗,高压电容一方面是变换器的负载,另一方面对输出脉动信号起滤波作用,减少对控制回路的干扰。负载电路中的电阻阻值较大,消耗的功率远小于变换电路的输出功率,作用是用来组成分压器对输出直流电压分压采样并反馈到控制电路中。而普通 DC-DC 变换器中负载电路中电容很小,主要起滤波作用,负载呈电阻性。

为了使整个变换电路在工作过程中效率最大化,下面分析输出电路工作在什么状态可以使电容充电效率达到最大。电容充电电源工作负载范围非常宽,可能近似于短路,也可能近似于开路,输出电压从零变到额定值。目前文献[83,84]给出的常用电容充电技术主要有如下三种:恒压电阻充电技术、谐振充电技术和高频变换器充电技术。上述三种技术各有特点,适用于不同的应用场合,其中恒压电阻充电技术主要应用于低功率输出,对电路的体积、调整性和效率要求不高的情况下,该技术的主要特点就是电路简单,但由于限流电路的存在,整个电路的充电效率最高为50%。谐振充电技术则适用于中高功率输出,充电回路含有用来存储能量的电感和电容以及二极管等器件,与恒压电阻充电技术相比,效率和输出调整性均有较大的提升。高频变换器充电技术适用于中高功率输出,且体积小,效率高,控制性能好,在电容充电电源中已得到广泛的应用。

为了获得最大效率的工作条件,这里利用电路分析的方法在理论上寻找充电电路工作的最佳过程。

1. 连续电流的最佳充电过程分析

压电变压器输出级的电容典型充电网络如图3.5所示。C_o为压电变压器的输出电容,C为负载高压电容,电阻R为整个回路的等效限流电阻,r为等效电容并联电阻,包括电压采样电阻、电容漏电阻等。

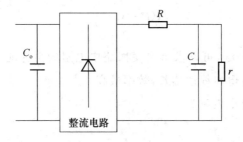

图 3.5 压电变压器输出级电容充电网络

假设电容的初始电压为零,并设充电电流为$i(t)$,电容两端电压为$u_C(t)$,电容容量为C。由于放电时间常数$\tau=rC$远大于充电周期,放电过程的影响可以忽略。

回路中限流电阻消耗的能量可表示为

$$J_R = \int_0^t i^2(t) \cdot R dt = \int_0^t C^2 \cdot R \cdot \left(\frac{du_C(t)}{dt}\right)^2 dt \tag{3.1}$$

上式中的被积函数可以写成

$$F(u_C(t), \dot{u}_C(t), t) = RC^2 \dot{u}_C^2(t)$$

为了求得J_R的极小值,写出被积函数的欧拉-拉格朗日方程:

$$\frac{\partial F}{\partial u_C} - \frac{d}{dt}\left(\frac{\partial F}{\partial \dot{u}_C}\right) = 0 \tag{3.2}$$

其中,

$$\frac{\partial F}{\partial u_C} = 0, \frac{\partial F}{\partial \dot{u}_C} = 2RC^2 \dot{u}_C, \frac{d}{dt}\left(\frac{\partial F}{\partial \dot{u}_C}\right) = 2RC^2 \ddot{u}_C \tag{3.3}$$

将式(3.3)代入式(3.2)得

$$2RC^2\ddot{u}_C = 0 \tag{3.4}$$

因此电容上的电压可写成

$$u_C(t) = At + B \tag{3.5}$$

式(3.5)中的 A、B 为常数。

对应的充电电流的表达式可表示为

$$i(t) = C\frac{du_C(t)}{dt} = C \cdot A \tag{3.6}$$

代入初始和终值条件,$u_C = 0$,$u_C(t_0) = U_C$,得

$$i(t) = C \cdot \frac{U_C}{t_0} \tag{3.7}$$

应用工程数学的变分法,可以求得要使回路中电阻的消耗能量最少,充电电流应维持恒流充电特性。这样充电电压线性增长,效率最高。

对应的充电末期的充电效率为

$$\eta = \frac{J_C}{J_R + J_C} = \frac{1}{1 + 2RC/t_0} \tag{3.8}$$

显然,当回路的有效电阻为零时,充电效率将达到最大。当用恒流源向储能电容器充电时,尽可能减小充电回路的等效限流电阻,以获得较高的充电效率。

2. 脉动电流的最佳充电过程分析

若充电电路的主电路为高频谐振功率变换电路,那么充电电流呈周期脉动特性,对应的变压器输出电压和负载电容的平均电压均呈阶梯状上升。

为了便于分析,用阶梯电压源来代替谐振变换器中压电变压器的平均输出电压。如图3.6所示,阶梯电压源共有 n 个阶梯,而第 n 个阶梯对应的电压值为 U_n。假设充电电路的等效限流电阻为 R,负载电容容量为 C。阶梯电压 u 作用于 RC 电路,且每个阶梯宽度远大于 RC 电路的时间常数。

不失一般性,分析第 k 个阶梯作用于电路上时的充电规律,假设电容器 C 上的电压初始值为 U_{k-1},在第 k 个区间有

$$u_k = i_C \cdot R + \frac{1}{C}\int i_C dt + U_{k-1} \tag{3.9}$$

结合初始条件,可得在第 k 个区间充电电流:

$$i_C = \frac{u_k - U_{k-1}}{R} \cdot e^{-t/RC} \tag{3.10}$$

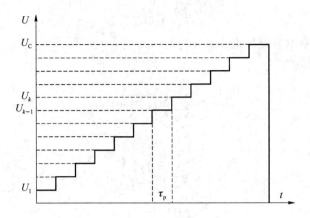

图 3.6 等效阶梯电压源

所以该区间内任意时刻对应的电容两端电压为

$$u_{Ck} = u_k - i_C \cdot R = u_k(1 - e^{-t/RC}) + U_{k-1} e^{-t/RC} \tag{3.11}$$

在第 k 个阶梯电压作用期间,消耗在电阻 R 上的功率为

$$P_{Rk} = i_k^2 \cdot R = (u_k - U_{k-1})^2 e^{-2t/RC} / R \tag{3.12}$$

所以作用在 τ_p 的时间间隔内,电阻 R 上消耗的能量为

$$J_{Rk} = \int_0^{\tau_p} P_{Rk} dt = \frac{1}{R} \int_0^{\tau_p} (u_k - U_{k-1})^2 e^{-2t/RC} dt = \frac{C}{2}(U_k - U_{k-1})^2 (1 - e^{-2\tau_p/RC}) \tag{3.13}$$

当 $\tau_p \gg RC$ 时,

$$J_{Rk} = \frac{C}{2}(U_k - U_{k-1})^2 \tag{3.14}$$

所以在 n 个阶梯中,消耗在电阻中的总能量为

$$J_{Rn} = \sum_{k=1}^{n} J_{Rk} = \frac{C}{2} \sum_{k=1}^{n} (U_k - U_{k-1})^2 \tag{3.15}$$

为了求得上式的最小值,令

$$\frac{\partial J_{Rn}}{\partial U_k} = 0 \tag{3.16}$$

则有

$$\frac{\partial J_{Rn}}{\partial u_k} = C \cdot [(U_k - U_{k-1}) - (U_{k+1} - U_k)] = C \cdot [\Delta U_k - \Delta U_{k+1}] = 0 \tag{3.17}$$

所以有

$$\Delta U_k = \Delta U_{k+1} \tag{3.18}$$

即等阶梯充电使回路电阻损耗最小。

电容的充电电压 U_C 为

$$U_C = \sum_{k=1}^{n} \Delta U_k = n \cdot \Delta U \tag{3.19}$$

充电效率为

$$\eta = \frac{J_C}{J_{Rn} + J_C} \tag{3.20}$$

式中，

$$J_C = \frac{1}{2}CU_C^2, J_{Rn} = \frac{C}{2}\sum_{k=1}^{n}(U_k - U_{k-1})^2 = \frac{C}{2}\sum_{k=1}^{n}\left(\frac{U_C}{n}\right)^2 = \frac{CU_C^2}{2n}$$

整理式(3.20)，得

$$\eta = \frac{n}{n+1} \tag{3.21}$$

由上式可知，达到同样的充电电压 U_C，阶梯越多，其效率越高，也越近似于恒流充电。

3.4 控制回路

　　汽车安全气囊点火系统压电高压变换电路的主要功能就是实现危机情况下在保险后规定的时间内高效地完成对高压发火电容的充电，充电幅值达到冲击片雷管正常发火的额定电压。因此，控制回路在电路中实现两个功能，一是稳定高压电容的输出电压，二是反馈回路需要控制开关频率能跟踪主谐振网络的谐振频率，或者需选择一个较为优化的驱动频率值。

　　这是因为压电高压变换电路和其他谐振变换电路一样，系统的电压增益、传输功率和效率是驱动频率的函数，当驱动频率等于主电路谐振网络的谐振频率时，压电变压器有最大的升压比，直流输出电压达到最大值，对给定输入电压，此时的功率也为最大，且对应的效率也在最大值附近。而压电变压器工作频率随负载阻抗的变化而变化。此外，为了使变换器中的功率开关工作在零电压开关状态下，应使压电变压器工作在其感性区，即工作于等效串联谐振频率的右半部分，同时频率的选择也关系到电容恒流充电的实现。因此，压电高压变换电路驱动频率的选择是整个系统工作在高效状态实现的关键，本书将在第 4 章进行详细的分析研究。

3.5 压电变压器等效电路模型及工作特性

　　压电变压器是一种通过机械振动传输能量的新型功率器件，与传统的电磁感应变压器相比，它具有如下优点：功率密度高、体积小、电磁噪声小、输入和输出端口的电气隔离性能好、成本低和便于批量生产等。从减小电磁污染角度看，压电变压器功率变换属于绿色电源，具有重要的学术价值和良好的应用前景。上述突出的优势使得压电变压器在许多应用领域中已成为传统电磁变压器的替代品。为了深入研究以压电变压器为核心元件的高压电容充电电源变换器，本节对该新型器件的等效电路模型和工作特性作一归纳分析。

3.5.1 压电变压器等效电路模型

1. 等效电路模型的研究与发展

压电变压器的等效电路模型是分析其电气特性以及进行电路仿真的基础，也能为设计其驱动电路提供理论依据和技术指导。压电变压器理论等效模型的拓扑结构源于Mason，如图3.7所示。该等效电路模型广泛地应用于压电变压器的电路分析中。目前的研究是原有等效电路模型的继承和发展，文献[40,67]首先通过一维波动方程对压电变压器进行分析，为了获得机械特性和电气特性之间的关系，将机械参数替代为对应的电气参数形式，通过该方法得到的纵向振动模式的变压器参数误差较小，文献[67]给出的计算结果与实测结果误差约为8%，分析认为产生这种误差的主要原因为材料参数的误差以及黏合层的影响，厚度扩张振动模式由于虚假振动模式的存在模型的误差更大。小功率的应用背景中有文献在输入端、输出端各串联一个电阻以此来校正模型的非线性。

文献[42]用受控源代替传统模型中的理想变压器，将电路分成两个级联的电路分析其电路的特性。文献[43]根据压电陶瓷变压器的不同工况，给出了变压器的4种电路模型，即传统电路模型、高电压小电流电路模型、低电压大电流电路模型、高电压大电流电路模型。其中前两个是线性电路模型，后两个是非线性模型，模型参数的具体值通过实测电路数据计算求得。这种按使用环境的要求来选定变压器的等效电路模型的方法，实验证明能减小采用传统模型带来的误差。以上列举的文献所讨论的模型大多是一维的，Y. Jin、C. F. Food和W. G. Zhu使用有限元的方法建立了某些压电变压器的三维数值模型，用它可以模拟出不同的振动模式、结构、边界条件及电极分布下的压电变压器的特性。这种模型不仅对压电变压器的优化设计有很大的作用，而且对于压电变压器各项性能的分析有很大的帮助。

2. 等效电路模型的建立

分析上述文献可知，不存在一种通用的等效电路模型形式适合各种压电变压器，具体应用过程中应根据实际选用变压器的类型和使用的环境情况，进行对传统等效电路模型变形修改并通过实测数据加以确定修正。本书所用变压器为Rosen型的纵向振动模式压电变压器，总结国内外文献，用在电路分析中一般有如下两种常用模型。

（1）传统等效电路模型

传统的集中参数等效电路模型如图3.7所示，该等效电路模型是基于无源二端口网络的概念提出的。传统等效电路模型中包括一个理想的变压器 T，变压器的输入电容 C_{in} 和输出电容 C_o，分布参数 L_r、C_r 和 R_m 组成串联谐振支路，其中 L_r 和 C_r 决定压电变压器的内部谐振频率 f_r，R_m 用来衡量压电变压器的内部损耗，由机械品质因素值确定。模型中各元件的值为压电变压器谐振频率附近的等效值。

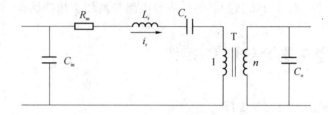

图 3.7 压电变压器的传统等效电路模型

在实际应用中发现，上述传统等效电路模型在描述压电变压器的工作原理以及进行电路仿真时存在一些缺陷。首先，模型中用来表征电压增益变压器的副边存在一个直流通路，而压电变压器实际的工作机理中不存在这条通路。尤其在压电变压器输出端接倍压整流电路时，其输出的直流电压建立在输出电容之上，而上述模型则不能正确解释该工作机理。其次，图 3.7 中等效电路模型中的理想变压器的电感量趋于无穷大，用该电路模型建立的仿真模型常会出现初始化时间较长或模型不收敛的现象，而使仿真结果出现异常。

（2）受控源型等效电路模型

为了弥补传统等效电路模型的不足，本书采用一种改进型的等效电路模型。该模型用两个相互独立的受控源来替代传统模型中的理想变压器，其中主边用一个受控电压源替代，副边则用一个受控电流源替代，如图 3.8 所示。传输比 n 表征两电源之间的变比关系。该模型的特点就是在进行电路仿真时不引入理想变压器，利用受控电压源和电流源来描述谐振电路和输出电路的关系易于建立仿真模型，并且在直流特性方面也能正确描述压电变压器的工作机理，输出端的直流电压映射到主边影响串联谐振的工作状态，但直流量由于隔直电容 C_r 的作用不会影响压电变压器输入端的交流信号。该模型在压电变压器直流输出应用领域正得到广泛应用。下文中提到的等效电路模型均指该受控源型等效电路模型。

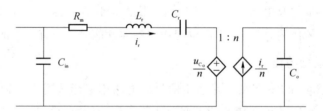

图 3.8 压电变压器的改进等效电路模型

3.5.2　压电变压器的工作原理

压电变压器是最早由 C. A. Rosen 于 1957 年发明，并于 20 世纪 70 年代发展起来的新型电子变压器。早期使用钛酸钡材料,转换效率很低,压电变压器的发展曾一度停滞不前。近些年,随着高压电常数、高 K_p 和高 Q_m 压电陶瓷材料的迅猛发展,以及信息处理设备和通信设备日益小型化的发展,对微型化开关电源的需求越来越高,使得压电变压器重新受到重视,并取得了显著的进展。目前,Rosen 型升压变压器产品较为成熟,应用领域广泛。

压电变压器是采用铁电材料,经烧结和极化等一系列工艺制作而成的,在居里温度下属四方晶相的多电畴结构,经高压电场极化后,因电畴转向陶瓷体内的极化强度不为零而具有压电性。利用压电陶瓷具有的正逆压电效应,在机电能量二次转换过程中,通过体内阻抗变换而实现变压作用。压电变压器根据其形状、电极和极化方向不同而具有各种结构,其中长条片形结构的 Rosen 型压电变压器,因具有较高的升压比和较大的输出功率较为常用。本书所采用的变压器凡未做特别说明的均指 Rosen 型。

压电变压器不是对任何频率的输入电压都有变压作用。只有在频率等于压电变压器固有频率的驱动电压激励下,压电变压器处于谐振状态,沿其长度方向的振动最强的情况下才有变压作用。压电变压器谐振频率决定于自身的几何尺寸和材料的声速,即

$$f = V/\lambda \tag{3.22}$$

式中:V 是材料的声速;λ 是沿长度的驻波振动的波长。

当 $\lambda=2l$,即压电变压器的长度等于全波长时,称全波谐振;当 $\lambda=4l$,即压电变压器的长度等于半波长时,称半波谐振。通常情况下,压电变压器在半波谐振模式和全波谐振模式下工作,对于其他谐振模式,因升压比和转换效率极低而不使用。

压电变压器工作在谐振状态下,其半波谐振态和全波谐振态的位移和应力分布情况如图 3.9 所示。从图中可以看出,在半波谐振状态时,压电变压器中间位移为零,安装时以此为夹持位置。在全波谐振状态时,压电变压器两端和正中位置位移最大,应力为零;在距离两端 1/4 处的位移为零,应力最大,可作为夹持位置。夹持位置选在这些位置上,不影响压电变压器的工作状态。为了消除变压器工作时厚度振动和宽度振动对长度伸缩振动的影响,压电变压器的几何尺寸应满足其半长度远大于其宽度和厚度的条件。

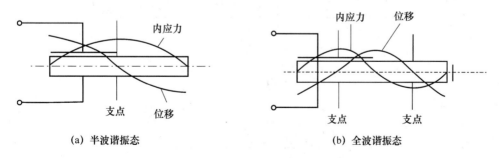

图 3.9 压电变压器谐振状态位移应力分布

3.5.3 压电变压器的工作特性

在研究压电变压器驱动电路时,压电变压器的一些特性必须首先加以考虑。本节以压电变压器等效电路模型为基础,通过电路分析方法推导几个重要的特性关系式,以便深入了解各种因素对压电变压器工作特性影响的规律。

1. 电压增益特性

将压电变压器传统等效电路的副边负载和电容折算到原边。由于 $R'_L \gg R_m$,为简化分析,电路忽略 R_m,输入端电容支路视为开路,得到简化的电路网络。

图 3.10(a)中的 C_o、负载电阻 R_L 和简化后图 3.10(b)中的映射电容 C'_o、映射电阻 R'_L 的关系分别为

$$R'_L = \frac{R_L}{n^2} \tag{3.23}$$

$$C'_o = n^2 C_o \tag{3.24}$$

由图 3.10(b)可知,压电变压器的电压增益可写为

$$G = n \cdot \left|\frac{Z_o}{Z_i}\right| = n \cdot \left|\frac{\dfrac{R'_L}{1+j\omega R'_L C'_o}}{j\omega L_r + \dfrac{1}{j\omega C_r} + \dfrac{R'_L}{1+j\omega R'_L C'_o}}\right| \tag{3.25}$$

$$= nR'_L \sqrt{\frac{1+(\omega R'_L C'_o)^2}{(R'_L)^2 + \left\{\dfrac{\omega^2 L_r C_r [1+(\omega R'_L C'_o)^2]}{\omega C_r} - \omega C'_o (R'_L)^2\right\}^2}}$$

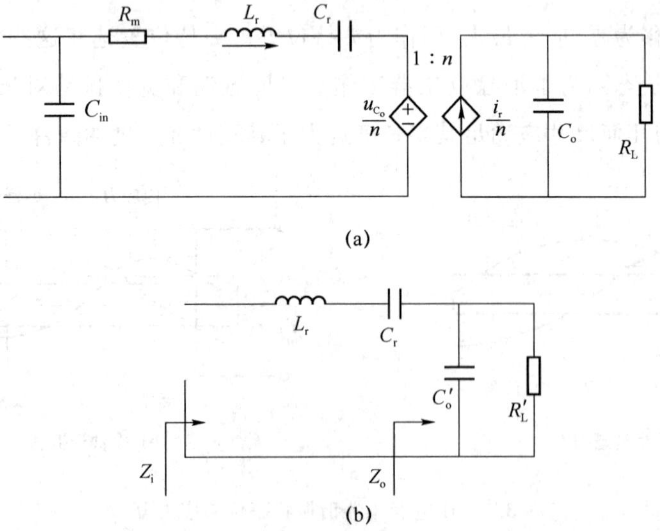

(a)

(b)

图 3.10 带有负载的压电变压器等效电路图

为了获取谐振状态下电路传输效率与负载的关系,把等效电路模型副边电路映射到主边,图 3.10(a)可简化为图 3.11。

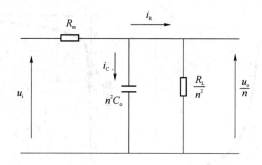

图 3.11 变压器等效简化电路图

图示可列出电路方程如下:

$$u_i = R_m(i_R + i_C) + u_o/n \tag{3.26}$$

$$i_C = j\omega_s C_o u_o n \tag{3.27}$$

$$i_R = n u_o / R_L \tag{3.28}$$

式中,ω_s 为串联谐振角频率,联立式(3.26)~式(3.28)可得输出功率为

$$P_o = \frac{|u_o|^2}{R_L} = \frac{n^2 u_i^2}{R_L \left[\left(1 + \frac{n^2 R}{R_L}\right)^2 + (\omega_s C_o n^2 R)^2 \right]} \tag{3.29}$$

电路的输入功率为

$$P_i = n^2 R_m |i_C + i_R|^2 + P_o = u_o^2 \left| \frac{n^2 R_m + R_L}{R_L^2} + (\omega_s C_o n)^2 R_m \right| \tag{3.30}$$

则功率传输效率为

$$\eta = \frac{P_o}{P_i} = \frac{1}{1 + n^2 R_m / R_L + (\omega_s C_o n)^2 R_L R_m} \tag{3.31}$$

当上式分母取最小值时,即

$$R_L = 1/\omega_s C_o \tag{3.32}$$

最大功率传输效率为

$$\eta_{\max} = \frac{1}{1 + 2\omega_s C_o n^2 R_m} \tag{3.33}$$

为了考察电压增益与驱动频率的关系,取负载电阻为一定值,将压电变压器参数代入式(3.25)中,并画出增益随频率的变化曲线,如图 3.12 所示;令式(3.25)中 ω 取谐振角频

率值,以负载电阻为变量得出增益随负载的变化曲线,如图 3.13 所示。从式(3.31)可以得到功率传输效率随负载变化的关系曲线,如图 3.14 所示。

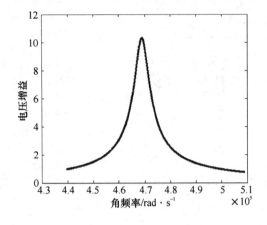

图 3.12　电压增益随角频率变化曲线

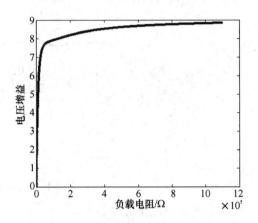

图 3.13　电压增益随负载变化曲线

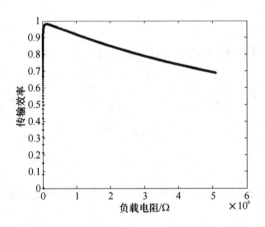

图 3.14　传输效率随负载率化曲线

从图 3.12 可以看出压电变压器电压增益随输入电压的频率而变化。在谐振频率附近,增益最大,曲线大体对称,偏离谐振频率,增益迅速下降。压电变压器的这种强频率选择性决定了以其谐振频率附近的正弦电压驱动时升压效果最好,而方波信号驱动时,只对谐振频率附近的频率分量具有升压作用。压电变压器输出电压与输入电压频率的关系也是它与线绕变压器的一个重要差别。此外,压电变压器的电压增益还随负载的变化而变化,如图 3.13 所示,当负载较小时,升压比随负载的增加而迅速增加,以后逐渐达到饱和。在传输效率方面,负载存在一个最优值,在负载电阻小于最优值时,效率随着负载的增大迅速增大,当负载电阻大于最优值时,效率随着负载的增大呈下降趋势,如图 3.14 所示。

此外,压电变压器输出电压随输入电压的变化呈现非完全线性。当输入电压在小于其额定输入范围时,输出-输入电压间呈近似线性关系,以后则输出增加变缓,甚至饱和。

2. 输入阻抗特性

变压器在电路中是作为激励信号源的负载，设计驱动网络时应对变压器输入阻抗的性质和变化有所了解。图 3.15(a)所示为压电变压器输入阻抗绝对值随频率的变化，前后两峰值分别对应半波和全波情形。在谐振频率下阻抗的绝对值最低，在反谐振频率阻抗最高。图 3.15(b)所示为输入电压和电流之间的相位差随频率变化的曲线。从图中可见，失谐时压电变压器输入阻抗呈电容性，电流超前电压 90°，在谐振和反谐振时，相位差为 0°，输入阻抗呈纯电阻性，在此二频率之间，输入阻抗呈电感性。在谐振频率和反谐振频率附近，有一个从容抗到感抗的急剧变化。

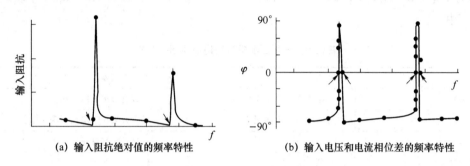

(a) 输入阻抗绝对值的频率特性　　(b) 输入电压和电流相位差的频率特性

图 3.15　压电变压器的输入阻抗特性示意图

当压电变压器工作在谐振频率附近状态下时，带有负载的变压器等效电路的副边电路映射到主边，并转换为串联网络，可得到压电变压器的输入阻抗为

$$Z_{in}=\frac{R_L}{n^2[1+(\omega_s R_L C_o)^2]}+R_m \tag{3.34}$$

由式(3.34)可以得到压电变压器工作在谐振频率附近时，输入阻抗随负载阻抗的变化关系，如图 3.16 所示。我们知道，线绕变压器的输入阻抗和负载阻抗成正比，而压电变压器则相反。从图 3.16 可以看出压电变压器的输入阻抗随负载阻抗减少而增加。压电变压器的这个特性在高压脉冲放电应用领域极为重要，因为负载短路或高压放电时，压电变压器输入阻抗将迅速增大而保护变压器及驱动电路不致被烧毁。

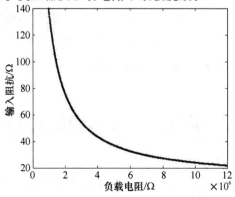

图 3.16　输入阻抗随负载阻抗的变化曲线

3. 温度特性

压电变压器的居里温度一般在240 ℃以上,故在通常使用的温度范围不会引起严重破坏。但是,随着环境温度的变化和变压器自身因介质损耗而发热,均会引起变压器谐振频率的漂移,从而使压电变压器不能稳定工作。压电变压器因介质损耗引起的温升特性与压电变压器的材料特性、体积以及输入功率均有关。因此在设计变换器时,除了要求选用温度特性较好的材料制作的变压器外,必须使其输入电压的频率随变压器的谐振频率而变化,才能保证压电变压器工作的稳定性。

压电变压器和线绕变压器在结构、工作原理和特性等方面都不相同,现比较于表 3.1 中。

表 3.1 压电变压器与线绕变压器的比较

特性	压电变压器	线绕变压器
频率特性	在谐振频率下工作	在较宽频率范围工作
输入阻抗	随负载阻抗下降而上升	随负载阻抗下降而下降
升压比	高	不易做到高升压比
输出功率	较低	较高
电压调整特性	差	好
输出波形	正弦波	输出波形与输入波相同
驱动能源	电压源	电流源
对环境的影响	产生超声波	产生漏泄磁场
可燃性	使用陶瓷材料,无燃烧危险	使用有机材料,有燃烧危险
质量	轻	重
体积	小	大

从表 3.1 可见,压电变压器主要适用于高压、低功率和正弦波变换的场合。它具有输出电压高,质量轻,体积小,无漏泄磁场,不燃烧等独特优点,而且安装简便,若用半波谐振模式,则用一个夹子(内衬橡皮条)夹住全长的 1/2 处;若用全波谐振模式,则用一个(或两个)夹子夹住全长的 1/4(和 3/4)处。输出端用磷铜丝绕成弹簧状,用渗银的焊锡直接在压电变压器的电极上作为输出引线。目前,压电变压器已用于电视显像管、雷达显示管、静电印刷、静电除尘、小功率激光管、离子发生器、压电材料的极化等所需的高压设备中。

3.6 压电高压变换器电路模型

按照高压变换电路的组成结构,以及上文对各个组成部分的分析,可以得到汽车安全气囊点火系统压电高压变换器电路模型,如图 3.17 所示。系统电路各模块的设计将在后续章节中详细介绍。

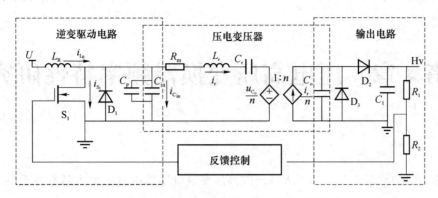

图 3.17 压电高压变换器电路模型

3.7 本章小结

本章从汽车安全气囊点火系统的结构和工作原理出发,提出了电子安全系统高压变换器系统组成结构;介绍了压电变压器的特点和工作原理,给出了用于直流输出的等效电路集总参数模型,并利用该模型对变压器工作特性做了详细分析;分析研究了变换电路效率最大化的问题,包括逆变驱动电路输出电压最值可调并使开关工作在软开关状态问题、输出电路中的高压电容恒流等台阶充电实现问题以及将输出电压稳定在预设的电压范围内时优选驱动频率或控制驱动频率跟踪问题。最后给出了汽车安全气囊点火系统压电高压变换器的电路模型,为系统的理论分析奠定了基础。

第4章　压电高压变换器频率特性研究

本书研究的汽车安全气囊点火系统的高压变换电路属电容充电电源技术范畴,在充电过程中,电容是阻抗宽范围变化的容性负载,随着电容电压逐渐升高,阻抗也不断地做相应的变化。深入研究充电过程的频率特性将为系统的开关驱动频率优选提供理论依据。为了验证负载频率特性分析的正确性,获取精确的压电变压器的等效电路模型参数是首要工作之一。本章首先分析等效电路模型参数测量研究现状及存在的问题,给出利用测量压电变压器输入导纳来计算等效电路模型参数的方法以及理论依据,对给定压电变压器通过实测获取模型参数,在此基础上分析并验证压电变压器的负载频率特性,最后通过基波分析法得出变换器输出电路的等效模型,并分析变换器在充电工作过程中的频率特性。

4.1　等效电路模型参数获取方法研究

压电变压器的等效电路模型是对压电变压器进行理论分析和研究的重要工具。根据压电变压器的材料和几何参数计算出来的等效电路模型参数,由于材料参数的误差,计算结果不够精确。为了获得精确的模型参数,针对具体的压电变压器进行实际测量是一个行之有效的方法。

4.1.1　等效电路模型参数测量研究现状及存在的问题

1. 压电变压器等效电路模型定参数测量方法研究

文献[85,86]均利用信号发生器和示波器对压电变压器等效模型参数进行了提取。其中文献[86]的测量原理为:将压电变压器等效电路模型次边电路以及负载经过映射变换到压电变压器等效电路的主边并列出机械谐振频率的表达关系式。通过信号发生器和示波器来寻找负载分别为空载、给定电容和给定电阻时对应的谐振频率,由此列出三个相互独立的关系表达式,联立求解谐振支路中的等效模型参数,而输入电容和输出电容则直接由仪器测得。文献介绍的该方法难以获取压电变压器的精确参数,现列举该方法存在的一些不足之处以供探讨。

（1）配合信号发生器用示波器来寻找谐振频率时，由于示波器直接接在压电变压器的输出端，所以示波器探头的等效输入电阻和电容应考虑在内，并将其列在等效电路中。因为通常 Rosen 型压电变压器的输出电容与探头的输入电容处于同一个数量级。当给定负载的电阻也与探头的输入电阻数量级相差不大时，若不考虑探头引入的影响，测试结果必然引入较大的误差。

（2）压电变压器输入电容和输出电容的确定应考虑谐振支路对测量值的影响。

（3）文中给出的是三个独立关系表达式，但模型中共有四个未知参数需确定，即串联谐振支路中的等效电阻、等效电感、等效电容以及等效传输比。因此按照该文献介绍的方法获取参数，可操作性受到怀疑。

文献[85]的测量原理为：短路压电变压器的输出端，在其输入端引入一个正弦信号使压电变压器处于谐振状态，记录下频率值和输入电压幅度，通过精密测量电阻，同时测量出谐振支路的电流和压电变压器的输出电流。切断输入信号，测量输入和输出电流包络线的衰减常数 τ，最后通过低频信号测试输入端和输出端的输入电容。该方法利用谐振状态时的输入电压信号和谐振支路的电流计算出谐振支路的等效电阻，利用谐振支路电流和输出电流值计算传输比 n，利用衰减常数结合谐振支路输入电阻可计算出谐振支路的等效电感，通过谐振频率值计算谐振支路的等效电容值。最后用测量出的输入端电容值减去谐振支路的电容值，即得压电变压器的输入电容值。类似地可求出压电变压器的输出电容值。文献介绍的该测试方法相比于上一方法理论推导较为严密。不足之处是，测试中需要配备功率放大器、精密测量电阻等额外辅助设备，增加了测试的不方便性。

2. 压电变压器等效电路模型变参数测量方法研究

实际应用中发现，当压电变压器负载电阻变化时，压电变压器的谐振频率也随之变化。文献[87]认为负载的变化会引起压电变压器等效电路模型参数的变化并导致谐振频率的变化，给出了依据压电变压器的品质因素、机械谐振频率、最大增益以及两个截止频率对应的电压增益的五维方程组，来求解压电变压器输出端接任一电阻时对应的等效电路模型参数，这个五个参数为谐振支路的等效电阻、等效电感、等效电容和压电变压器的传输比以及输出电容。利用该方法计算的模型参数能及时修正因负载变化引起的谐振频率的变化，并能保证负载变化时模型参数的精确性，同时模型参数值也能顾及压电变压器的主要特性。但是该方法由于只是将负载的变化看成离散点来得出相应一系列离散的模型参数，文献对产生该现象的机理没有进一步的说明，也没对参数的变化曲线进行拟合，所以在负载不断变化的应用场合，利用该方法获取模型参数来指导变换器设计的可操作性不强。

4.1.2　导纳圆法等效电路模型参数获取

导纳圆法已广泛用于石英晶体的谐振频率特性测试中，从压电变压器的等效电路模型中容易看出，当把等效电路模型中的输入端或输出端短路时，等效电路和石英晶体的等效电路模型一致，所以利用导纳圆法进行压电变压器的频率特性测试是获取等效电路模型的参数值的有效方法之一。且该方法只需一台阻抗分析仪，不需要其他辅助仪器设备，可操作性较高。

1. 压电变压器的导纳圆

将压电变压器的输出端短路，等效电路模型如图 4.1 所示，用交流电路的复数表示研究等效电路的总导纳。设压电变压器的总导纳、静态导纳和动态导纳分别为 Y、Y_0 和 Y_1，则

$$Y = Y_0 + Y_1 \tag{4.1}$$

$$Y_0 = j\omega C_{in} = jb_0 \tag{4.2}$$

$$Y_1 = \cfrac{1}{R_m + j\omega L_r + \cfrac{1}{j\omega C_r}} = g_1 + jb_1 \tag{4.3}$$

式中：b_0 表示静态电纳；g_1 表示动态电导；b_1 表示动态电纳；ω 为角频率。

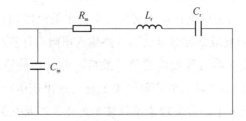

图 4.1 压电变压器输出端短路的等效电路模型

整理式(4.3)有

$$g_1 = \cfrac{R_m}{R_m^2 + \left(\omega L_r - \cfrac{1}{\omega C_r}\right)^2} \tag{4.4}$$

$$b_1 = \cfrac{-\left(\omega L_r - \cfrac{1}{\omega C_r}\right)}{R_m^2 + \left(\omega L_r - \cfrac{1}{\omega C_r}\right)^2} \tag{4.5}$$

等效电路总导纳可写成

$$Y = Y_0 + Y_1 = \cfrac{R_m}{R_m^2 + \left(\omega L_r - \cfrac{1}{\omega C_r}\right)^2} + j\left[\omega C_{in} - \cfrac{\omega L_r - \cfrac{1}{\omega C_r}}{R_m^2 + \left(\omega L_r - \cfrac{1}{\omega C_r}\right)^2}\right] \tag{4.6}$$

将式(4.4)、式(4.5)化简得

$$g_1^2 - \cfrac{g_1}{R_m} + b_1^2 = 0 \tag{4.7}$$

将上式配方可得方程

$$\left(g_1 - \frac{1}{2R_m}\right)^2 + b_1^2 = \left(\frac{1}{2R_m}\right)^2 \tag{4.8}$$

定义横坐标表示电导 G，纵坐标表示电纳 B。当频率改变时，式(4.8)的轨迹是一个圆心在 $\left(\frac{1}{2R_m}, 0\right)$、半径为 $\frac{1}{2R_m}$ 的圆。

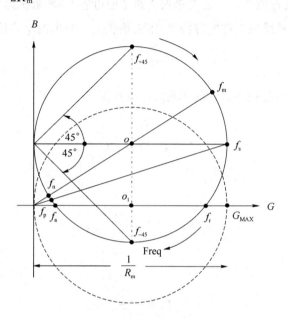

图 4.2 压电变压器输出端短路时的导纳圆图

动态导纳 Y_1 的相矢端在图 4.2 中的虚线圆上。由式(4.8)可知，当动态电纳 $b_1 = 0$ 时，方程解对应有 $g_1 = 0$ 或 $g_1 = 1/R_m$，因压电变压器工作过程中总要辐射能量，所以 $g_1 = 0$ 不存在，只有 $g_1 = 1/R_m$。由式(4.4)可知，此时对应的频率满足条件 $\omega L_r - 1/\omega C_r = 0$，即 $\omega = \omega_s = 1/\sqrt{L_r C_r}$，该频率称为串联谐振频率或机械谐振频率。

从式(4.4)和式(4.5)可知，动态导纳 Y_1 的相矢端的轨迹随频率增加按顺时针方向变化。通常压电变压器动态支路的品质因数较大，动态导纳 Y_1 相矢端旋转一周时，静态导纳 Y_0 相矢终端随频率变化很小，近似认为静态导纳 $Y_0 = j\omega C_{in}$ 为一个常数。于是把动态导纳 Y_1 在复平面上的轨迹圆沿纵轴移 ωC_{in}，可得到压电变压器导纳 Y 的相矢终端随频率变化的轨迹圆，即导纳圆，如图 4.2 中的实线圆所示。图中标记的参数定义如下：

- f_m：最大导纳频率，导纳圆中距离坐标原点最远点所对应的频率；
- f_n：最小导纳频率，导纳圆中距离坐标原点最近点所对应的频率；
- f_s：串联谐振频率，$2\pi f_s = \omega_s = \dfrac{1}{\sqrt{L_r C_r}}$；
- f_p：并联谐振频率，$2\pi f_p = \omega_p = \dfrac{1}{\sqrt{L_r \dfrac{C_r \cdot C_{in}}{C_r + C_{in}}}}$；

- f_r：谐振频率，电纳为零时，电导较大值对应的频率；
- f_a：反谐振频率，电纳为零时，电导较小值对应的频率；
- f_{-45} 和 f_{+45} 分别为过圆心垂直 G 轴作直线交导纳圆两点对应的频率。

2. 参数测试理论与方法

在图 4.1 压电变压器输出端短路的等效电路中，当给输入端加入一低频信号时，谐振支路中的电感 L_r 的阻抗近似为零。通常谐振支路中的电容 C_r 的阻抗远大于损耗电阻 R_m，此时输入端的阻抗特性只反映内部电容特性，定义该状态下测出的电容值为 C_t，显然有

$$C_t = C_{in} + C_r \tag{4.9}$$

由串联谐振频率和反谐振频率二者的关系式可以推得

$$\frac{f_s^2}{f_p^2} = \frac{C_{in}}{C_r + C_{in}} = \frac{C_{in}}{C_t}$$

所以有

$$C_{in} = \frac{f_s^2}{f_p^2} C_t = \frac{\omega_s^2}{\omega_p^2} C_t \tag{4.10}$$

而

$$L_r = \frac{1}{\omega_s^2 C_r} \tag{4.11}$$

$$R_m = \frac{1}{G_{max}} \tag{4.12}$$

用该方法进行参数计算，从导纳圆中获取串联谐振频率和并联谐振频率值最为关键，但是并联谐振频率值很难通过测试手段直接获取。而图 4.2 所示的导纳圆中的谐振频率和反谐振很容易测出。下面对利用谐振频率和反谐振频率计算模型参数的可行性进行理论分析。

根据谐振频率和反谐振频率的定义，由式（4.6）可知，谐振角频率 ω_r 和反谐振角频率 ω_a 应满足：

$$\omega C_{in} - \frac{\omega L_r - \frac{1}{\omega C_r}}{R_m^2 + \left(\omega L_r - \frac{1}{\omega C_r}\right)^2} = 0 \tag{4.13}$$

设 $y = \omega^2$，整理上式有

$$L_r^2 C_r^2 y^2 + \left(R_m^2 C_r^2 - 2 L_r C_r - \frac{L_r C_r^2}{C_{in}}\right) y + \frac{C_r}{C_{in}} + 1 = 0 \tag{4.14}$$

所以，

$$y = \frac{1}{2L_r^2 C_r^2}\left[-\left(R_m^2 C_r^2 - 2L_r C_r - \frac{L_r C_r^2}{C_{in}}\right) \pm \sqrt{\left(R_m^2 C_r^2 - 2L_r C_r - \frac{L_r C_r^2}{C_{in}}\right)^2 - 4L_r^2 C_r^2\left(\frac{C_r}{C_{in}} + 1\right)}\right]$$

$$= \frac{1}{L_r C_r}\left[1 + \frac{C_r}{2C_{in}} - \frac{R_m^2 C_r}{2L_r} \pm \sqrt{\left(\frac{C_r}{2C_{in}}\right)^2 + \frac{R_m^2 C_r}{2L_r}\left(\frac{R_m^2 C_r}{2L_r} - \frac{C_r}{C_{in}} - 2\right)}\right] \quad (4.15)$$

再设 $x = R_m^2$，这里将通过求 y 在 $x=0$ 处的一阶泰勒级数来获得近似解。

由式(4.15)知，

$$y\bigg|_{x=0} = \frac{1}{L_r C_r}\left[1 + \frac{C_r}{2C_{in}} \pm \left(\frac{C_r}{2C_{in}}\right)\right] \quad (4.16)$$

$$\frac{\partial y}{\partial x} = \frac{1}{L_r C_r}\left\{-\frac{C_r}{2L_r} \pm \frac{1}{2}\left[\left(\frac{C_r}{2C_{in}}\right)^2 + \frac{xC_r}{2L_r}\left(\frac{xC_r}{2L_r} - \frac{C_r}{C_{in}} - 2\right)\right]^{-\frac{1}{2}} \cdot \left[\frac{C_r}{2L_r}\left(\frac{xC_r}{2L_r} - \frac{C_r}{C_{in}} - 2\right) + \frac{xC_r}{2L_r}\left(\frac{C_r}{2L_r}\right)\right]\right\}$$

所以有

$$\frac{\partial y}{\partial x}\bigg|_{x=0} = \frac{1}{L_r C_r}\left\{-\frac{C_r}{2L_r} \pm \frac{1}{2}\left(\frac{C_r}{2C_{in}}\right)^{-1} \cdot \left[\frac{C_r}{2L_r}\left(-\frac{C_r}{C_{in}} - 2\right)\right]\right\} \quad (4.17)$$

当式(4.16)和式(4.17)同时取"−"时，可得谐振角频率的表达式为

$$\omega_r^2 = y\bigg|_{x=0} + \frac{\partial y}{\partial x}\bigg|_{x=0} \cdot x = \frac{1}{L_r C_r} + \frac{C_{in}}{L_r^2 C_r} \cdot R_m^2 \quad (4.18)$$

当式(4.16)和式(4.17)同时取"+"时，可得反谐振角频率的表达式为

$$\omega_a^2 = y\bigg|_{x=0} + \frac{\partial y}{\partial x}\bigg|_{x=0} \cdot x = \frac{1}{L_r C_r}\left(1 + \frac{C_r}{C_{in}}\right) + \left(-\frac{1}{L_r^2} - \frac{C_{in}}{L_r^2 C_r}\right) \cdot R_m^2 \quad (4.19)$$

定义 $\delta = \dfrac{R_m^2 \cdot C_{in}}{L_r}$，则式(4.18)和式(4.19)分别可以写为

$$\omega_r^2 = \frac{1}{L_r C_r}(1 + \delta) \quad (4.20)$$

$$\omega_a^2 = \frac{1}{L_r C_r}\left(1 + \frac{C_r}{C_{in}} - \delta\right) \quad (4.21)$$

又

$$\delta = \frac{R_m^2 \cdot C_{in}}{L_r} = \frac{1}{Q_m^2} \cdot \frac{C_{in}}{C_r} \quad (4.22)$$

而 Q_m 值数量级一般大于 10^2，显然 δ 近似为零。

联立式(4.20)和式(4.21)有

$$C_{in} = \frac{\omega_r^2}{\omega_a^2} \cdot C_t \qquad (4.23)$$

因此可以利用式(4.23)代替式(4.10)来计算 C_{in}。

将压电变压器的输入端短路,等效电路模型的主边电路映射到副边,如图4.3所示,与上述方法类似,在压电变压器的输出端作测试,用低频信号测试端口的电容值记为 C'_t,则有

$$C'_t = C_o + C'_r \qquad (4.24)$$

$$C_o = \left(\frac{\omega'_r}{\omega'_a}\right)^2 \cdot C'_t \qquad (4.25)$$

$$C'_r = C'_t - C_o \qquad (4.26)$$

$$n = \sqrt{\frac{C_r}{C'_r}} \qquad (4.27)$$

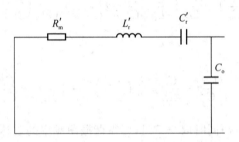

图 4.3 压电变压器输入端短路的等效电路

至此压电变压器等效电路模型中的所有参数均可以求出。这里需要说明的是,端口测得电容值和谐振支路的电容关系也可以通过最小导纳频率和最大导纳频率值求得,但是这个频率值在导纳圆中不容易测出,但是易在阻抗相位的测试曲线中获得参数,理论证明这里不做赘述。此外有文献利用 f_{-45} 和 f_{+45} 值进行模型参数的计算,主要计算公式有

$$R_m = \frac{1}{G_{max}} \qquad (4.28)$$

$$C_{in} = \frac{\overline{oo_1}}{\omega_s} \qquad (4.29)$$

$$C_r = \frac{1}{2\pi R_m} \cdot \frac{f_{-45} - f_{+45}}{f_{-45} \cdot f_{+45}} \qquad (4.30)$$

$$L_r = \frac{R_m}{2\pi} \cdot \frac{1}{f_{-45} - f_{+45}} \qquad (4.31)$$

该方法在实际应用中发现,在压电变压器的输入电容很小的情况下,从实测导纳圆图中读出精确的 o、o_1 间距离很困难,这样测得结果的准确性不能保证。

3. 实验与测试结果

实验采用 KHMPT3206 型压电变压器,该变压器长、宽、厚分别为 22 mm、6 mm、

2.9 mm,实物如图 4.4 所示。测量仪器采用 HP4194A 型阻抗分析仪。按照上节介绍的测试方法进行测试,其中测试两端口的电容时所用的低频信号频率取 100 Hz。图 4.5 所示是实验中测得的压电变压器输出端短路且工作在半波状态下的导纳圆。

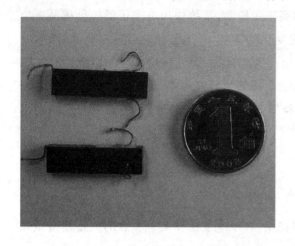

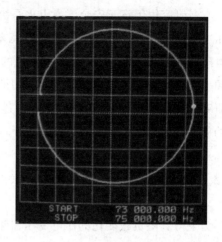

图 4.4 实验用压电变压器实物图　　　　图 4.5 输出端短路时的导纳圆

(1) 输出端短路时,实验测量参数结果如表 4.1 所示。

表 4.1 输出端短路时的测量参数统计表

测试参数	C_t	f_r	f_a	G_{max}
测试结果	10.4 nF	73.875 kHz	74.965 kHz	93.344 mS

(2) 输入端短路时,实验测量参数结果如表 4.2 所示。

表 4.2 输入端短路时的测量参数统计表

测试参数	C_t'	f_r'	f_a'
测试结果	21.236 pF	73.881 kHz	79.429 kHz

依据表 4.1 和表 4.2 的测量数据,通过上节给出的计算方法,最终获得实验中所用变压器工作在半波状态下的等效电路模型参数值如表 4.3 所示。

表 4.3 等效电路模型集总参数值

模型参数	C_{in}	R_m	C_r	L_r	C_o	n
计算结果	10.1 nF	10.71 Ω	301 pF	15.12 mH	18.37 pF	10.25

4.2 压电变压器负载频率特性研究

文献[91]提到从压电变压器的工作特性可以定性地了解到,当压电变压器的负载发生变化时,连同负载的压电变压器,其串联谐振频率也随之变化,但文献对该现象产生的原因没做进一步的分析。为了便于下文描述,这里定义带负载的压电变压器等效串联谐振频率为压电变压器的工作频率,记为 f_w。

本书研究用于汽车安全气囊点火系统的高压变换器,系统中压电变压器的负载是一个高压电容,在充电过程中,电容是阻抗宽范围变化的负载,充电开始负载接近短路,随着电容电压逐渐升高,阻抗也不断地做相应的变化。因此,深入研究该特性将为系统的开关驱动频率选择提供理论依据。以实验采用的压电变压器为研究对象,首先通过电路等效模型来研究负载对工作频率的关系,然后通过电路实测验证分析的正确性,最后针对实验中出现的偏差做一探讨。

4.2.1 理论分析

为了得到随负载变化的压电变压器频率特性,对压电变压器集总参数的电路模型做如图 4.6 所示的等效变换。

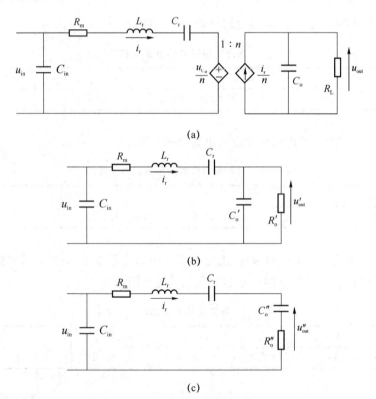

图 4.6 带有负载的压电变压器等效电路图

图 4.6(b)为图 4.6(a)输出电容和负载电阻映射到变压器主边的等效电路图,进一步简化,可将并联电路转化为串联电路,如图 4.6(c)所示。其中,图 4.6(a)中的 C_o、负载电阻

R_L、输出电压 u_{out} 和图 4.6(b)中的映射电容 C'_o、映射电阻 R'_o、映射电压 u'_{out} 的关系分别为

$$R'_o = \frac{R_L}{n^2} \tag{4.32}$$

$$C'_o = n^2 C_o \tag{4.33}$$

$$u'_{out} = \frac{u_{out}}{n} \tag{4.34}$$

图 4.6(c)中的电容 C''_o 和电阻 R''_o 组成的串联电路等效于电容 C'_o 和电阻 R'_o 构成的并联电路,有

$$R''_o = \frac{R_L}{n^2(1+C_o^2 R_L^2 \omega^2)} \tag{4.35}$$

$$C''_o = \frac{n^2(1+C_o^2 R_L^2 \omega^2)}{C_o R_L^2 \omega^2} \tag{4.36}$$

所以,有负载时,压电变压器的工作频率为

$$f_w = \frac{1}{2\pi/\sqrt{L_{eq} C_{eq}}} \tag{4.37}$$

其中:

$$L_{eq} = L_r \tag{4.38}$$

$$C_{eq}(\omega) = \frac{C_r C''_o(\omega)}{C_r + C''_o(\omega)} \tag{4.39}$$

联立上式,整理得

$$(C_r L_r C_o^2 R_L^2 n^2)\omega_w^4 - (C_r C_o R_L^2 + C_o^2 R_L^2 n^2 - C_r L_r n^2)\omega_w^2 = n^2 \tag{4.40}$$

因此有

$$f_w = \sqrt{\frac{C_r C_o R_L^2 + C_o^2 R_L^2 n^2 - C_r L_r n^2 + \sqrt{4 C_r L_r C_o^2 R_L^2 n^4 + (C_r C_o R_L^2 + C_o^2 R_L^2 n^2 - C_r L_r n^2)^2}}{\pi C_o R_L n \sqrt{8 C_r L_r}}} \tag{4.41}$$

以负载电阻为变量,将实验用的压电变压器的参数代入上式,可以画出工作频率随负载电阻变化的关系曲线,如图 4.7 所示,其中图 4.7(b)是图 4.7(a)中虚线框中的放大波形。

从图 4.7(a)可以看出,工作频率随负载的增大而逐渐增大,最终达到饱和。图 4.7(b)显示,在开始阶段频率随负载的变化增加缓慢,当负载电阻大于 30 kΩ 时,频率随负载的变化率增大。

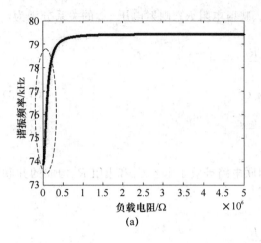
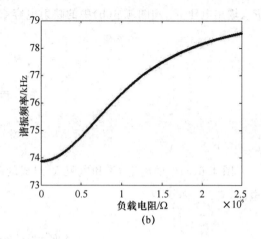

图 4.7　工作频率随负载的变化关系曲线

4.2.2　实验与测试结果分析

为了验证以上分析的正确性,实测了实验所用压电变压器在不同负载情况下的工作频率并与计算值进行对比,结果如表 4.4 所示。

表 4.4　不同负载下实测值与计算值统计表

负载	实测频率/kHz	计算频率/kHz	相对误差(%)
10 Ω	73.8	73.867 8	0.091 8
100 Ω	73.8	73.867 8	0.091 8
1 kΩ	73.9	73.868 3	0.042 8
10 kΩ	74.0	73.909 5	0.122 3
50 kΩ	74.5	74.766 6	0.357 8
100 kΩ	75.1	76.344 1	1.656
220 kΩ	76.9	78.330 1	1.859
50 MΩ	77.6	79.418 5	2.343
100 MΩ	78.6	79.418 6	1.041
断路	79.0	79.418 7	0.53

从实验的测试结果来看,实测频率和计算频率值在负载小于 50 kΩ 时,吻合度较高,大于 50 kΩ 时相对误差逐渐增加,最大相对误差不超过 2.5%。该结果一方面验证了等效集总参数电路模型建立的正确性,另一方面解释了负载对工作频率的影响,即负载的变化影响等效串联电容的大小,从而引起压电变压器工作频率的变化。该结论丰富了文献[91]对压电变压器特性的认识。

针对当负载大于 50 kΩ 时误差显著增加的现象,本书认为主要原因是:压电变压器的等效集总模型参数值的有效范围是其工作频率值附近。而该参数值的确定是以一定的负载为基础的。文中介绍的导纳圆法以及文献[85]中的测试方法均是以输出端短路测试为基础的。因此随着负载增大到工作频率超出给定负载所确定模型参数计算出的带宽时,该电路模型的等效参数便不能准确描述电路特性,从而造成误差增大的现象。显然,压电变压器自身的带宽越大,模型参数的适用范围也越广。

因此,若要获得任意负载情况下的电路模型的精确参数值,需要对模型进行有针对性的修正。而对于定性了解或工程设计,相对误差不超过2.5%的理论模型能够满足对压电高压变换器的工作频率特性研究的基本要求。

4.3 变换器的工作频率特性

4.3.1 充电过程中的输出电路等效负载模型

变换器输出电路是压电变压器输出匹配网络与整流电路以及负载电路的统称。本书介绍的变换器输出电路只包含倍压整流电路和负载电路(详见第5章相关分析内容)。输出电路等效负载的研究可为变换器驱动频率选择提供理论依据。

图4.6所示的变压器输出电容电压 u_{C_o} 在二极管 D_2 导通期间,虽然波形上部呈扁平状,电压波形含有高次谐波成分,但前面已经提到变压器的谐振支路由于品质因数较高,其谐振支路电流 I_r 近似于一个正弦波形,所以在该条件下,只有输出电容电压 u_{C_o} 的基波分量决定输出功率。

$$P_L = \frac{1}{2} u_{C_o(1)m} \frac{I_{rm}}{n} \cos \varphi_{(1)} \tag{4.42}$$

式中:$u_{C_o(1)m}$ 是电压 u_{C_o} 波形的基波最大值;$\varphi_{(1)}$ 为 $u_{C_o(1)}$ 与 I_r 的相位差。

由分析可知,输出电容上的电压 u_{C_o} 可以写成分段函数:

$$u_{C_o} = \begin{cases} \dfrac{U_L}{1+\cos\theta}(1-\cos\vartheta) & 0 < \vartheta < \pi - \theta \\ U_L & \pi - \theta < \vartheta \leqslant \pi \\ \dfrac{U_L}{1+\cos\theta}(\cos\theta - \cos\vartheta) & \pi < \vartheta < 2\pi - \theta \\ 0 & 2\pi - \theta < \vartheta < 2\pi \end{cases} \tag{4.43}$$

对输出电容电压 u_{C_o} 进行傅里叶级数展开,得其基波的表达式:

$$u_{C_o(1)} = a_{(1)} \sin \omega t + b_{(1)} \cos \omega t \tag{4.44}$$

其中:

$$a_{(1)} = \frac{U_L}{\pi}(1-\cos\theta), b_{(1)} = -\frac{U_L}{\pi}\left[\frac{\pi-\theta+\frac{1}{2}\sin(2\theta)}{1+\cos\theta}\right] \quad (4.45)$$

定义波形因子

$$k_{u(1)} = \sqrt{a_{(1)}^2 + b_{(1)}^2}/(u_{C_o})_{a\max} \quad (4.46)$$

则

$$u_{C_o(1)\max} = k_{u(1)} \cdot (u_{C_o})_{a\max} \quad (4.47)$$

又

$$\varphi_{(1)} = \arctan\left(\frac{b_{(1)}}{a_{(1)}}\right) \quad (4.48)$$

所以式(4.44)可以写成

$$u_{C_o(1)} = (u_{C_o})_{a\max} \cdot k_{u(1)} \sin(\omega t + \varphi_{(1)}) \quad (4.49)$$

图 4.8 和图 4.9 分别为输出电容电压基波波形因子 $k_{u(1)}$、电压基波和谐振电流的相位差 $\varphi_{(1)}$ 与导通角 θ 的关系曲线。

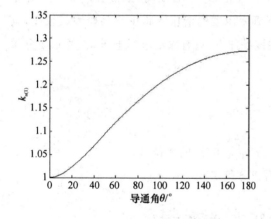
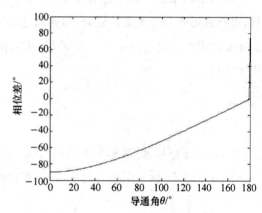

图 4.8 $k_{u(1)}$ 与导通角 θ 的关系曲线　　图 4.9 相位差 $\varphi_{(1)}$ 与导通角 θ 的关系曲线

考虑到 $\varphi_{(1)} < 0$，并且网络含有电容，所以图 4.10(a) 输出整流电路可等效为电容和电阻的并联网络，如图 4.10(b) 所示。等效负载电阻 R_{Leq} 可由式(4.51)确定。

假定负载电容实现恒流充电，则第 m 个周期末变压器的输出功率为

$$\begin{aligned} P_{L_m} &= \frac{(u_{C_o(1)\max})^2}{2R_{Leq}} \\ &= \frac{U_{L(m)}^2}{R_L} + \left(\frac{1}{2}C_1 U_{L(m)}^2 - \frac{1}{2}C_1\left(U_{L(m)} - \frac{U_{L(m)}}{m}\right)^2\right) \end{aligned} \quad (4.50)$$

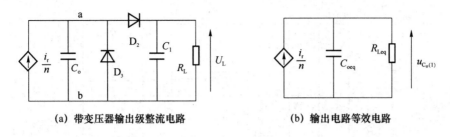

(a) 带变压器输出级整流电路　　　(b) 输出电路等效电路

图 4.10　倍压整流电路及其等效电路图

将式(4.4)、式(4.5)和式(4.47)代入式(4.50)得

$$R_{\text{Leq}} = \frac{k_{u(1)}^2 R_\text{L}}{8 + 4 R_\text{L} C_1 \left(\dfrac{2m-1}{m^2} \right)} \tag{4.51}$$

而输出电路的等效电容则由两部分组成，即电压输出直流量等效电容 C_o 和基波的等效电容，由等效电路图 4.10(b) 和 $u_{C_\text{o}(1)}$ 与谐振支路电流的相位关系，可以画出等效电路的电流矢量关系图，如图 4.11 所示，从图可以得到基波部分等效电容 C_oeq 有

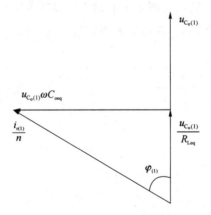

图 4.11　等效电路的电流矢量关系图

$$C_\text{oeq} = \frac{\tan |\varphi_{(1)}|}{\omega R_\text{Leq}} \tag{4.52}$$

所以有输出电路的等效电容为

$$C'_\text{oeq} = C_\text{o} + \frac{\tan |\varphi_{(1)}|}{\omega R_\text{Leq}} \tag{4.53}$$

联立式(4.46)、式(4.51)、式(4.19)可以得到，充电过程中随着工作周期的增加输出电路等效负载的变化曲线如图 4.12 所示，其中 R_L 取 100 MΩ，C_1 取 0.22 μF。从图 4.12 可以得知，充电工作过程中，输出电路的等效电阻迅速增加并达到最大值，然后开始缓慢减小并趋于稳定值，由式(4.51)可知，当 $m \rightarrow \infty$ 时，$R_\text{Leq} \rightarrow R_\text{L}/8$。

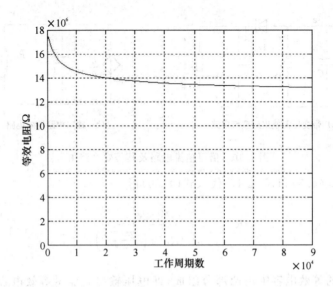

图 4.12　输出电路等效电阻与工作周期数的关系曲线

同理联立式(4.48)和式(4.53)可以得到,充电过程中随着工作周期的增加输出电路等效电容的变化曲线如图4.13所示。图示等效输出电容随着工作周期的增加逐渐变大,但增幅不是很大,在工作9万个周期后,输出等效电容增加约3 pF。

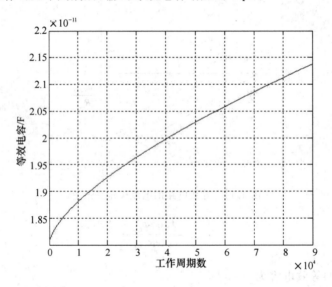

图 4.13　输出电路等效电容与工作周期数的关系曲线

4.3.2　变换器充电过程的工作频率特性

将式(4.51)和式(4.53)代入式(4.41)中,联立式(4.19),最终可以得到整个变换器充电过程的工作频率特性,如图4.14所示。从图4.14可以看出,随着工作周期数的增加,变换器的工作频率 f_w' 变化比较小,虽然等效电阻有一个突变的最大值,但由于频率在该突变阻值范围内变化不敏感,所以变换器的充电过程中工作频率无明显的突变,整体呈单调变化趋势。图示在 9 万个(约合 1.1 s)工作周期内,工作频率变化约为 0.8 kHz。

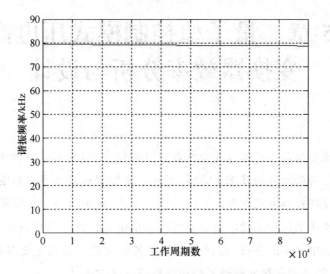

图 4.14　输出电路工作频率与工作周期数的关系曲线

4.4　本章小结

　　本章分析了等效电路模型参数测量的研究现状及存在的问题,详细推导了利用测量压电变压器输入导纳来计算等效电路模型参数的理论依据;对给定压电变压器用上述方法进行了实测,计算出模型参数,得出了压电变压器工作频率随负载电阻变化的特性,实测频率和计算频率值最大相对误差不超过 2.5%,该结果验证了等效集总参数电路模型建立的正确性;利用基波分析法首次分析了变换器输出电路的等效负载,在此基础上得出了变换器在充电过程中系统工作频率的变化特性,该特性为压电高压变换器驱动频率的设计提供了理论基础。

第5章 量子型控制模式压电高压变换器效率分析与设计

多路压电高压变换器可以提升安全气囊打开的精度,但是对充电效率和能耗的要求较高。本章在前两章分析研究的基础上,进行了量子型控制模式作为汽车安全气囊点火系统压电高压变换器反馈控制方式的系统分析设计。首先,确定量子型控制模式变换器系统结构;其次,对主电路中的逆变驱动电路和变换器输出电路做详细分析设计,深入研究系统实现软开关和恒流充电技术的条件,探讨了变换器各组成模块电路主要参数的确定方法;最后,通过电路仿真结果和样机实验结果验证分析设计的正确性。

5.1 量子型控制模式变换器系统

5.1.1 系统结构

量子型控制模式压电高压变换器系统的结构如图 5.1 所示,系统由主电路和量子型控制电路组成。其中主电路主要由开关网络、输入匹配网络、压电变压器、输出匹配网络与整流电路、负载电路等组成。通常将开关网络和输入匹配网络统称为逆变驱动电路,而输出匹配网络与整流电路以及负载电路统称为变换器的输出电路。

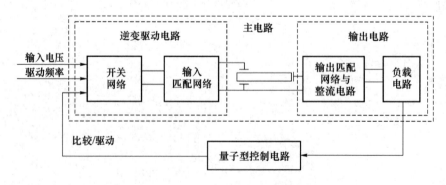

图 5.1 量子型控制模式变换器系统结构框图

5.1.2　量子型控制模式

量子型控制模式在文献[55]中首次提出,并在交流-直流变换器中得到广泛的应用。该控制模式的工作原理是利用变换器输出电压的反馈信息控制驱动电路工作,振荡器产生恒定频率和占空比的驱动信号。主电路输出电平在输入信号的作用下,开始逐渐上升,当控制电路检测到输出电平达到预设最大值时,立刻切断驱动回路的输入信号,当输出电平低于最小预设值时,驱动回路再次启动,如此往复将输出电压控制在预设的范围内。这种控制方式的输入开关信号是一个高频信号与一个低频信号的调制,高频信号就是选定的系统开关驱动频率信号,低频信号则由输出电压的上下限以及放电时间常数决定。该信号属于典型的幅移键控(Amplitude Shift Keying,ASK)调制波形,该调制波的频谱由一个直流信号、一个高频信号和一个有边带的低频信号组成。压电变压器本身可以滤掉该低频信号,因此低频信号不会影响整个变换器的性能。该控制模式下在负载短路和无负载的情况下,变换器均能起到很好的自我保护作用,因此不需加额外的过电压和过电流保护电路,可使整个变换器达到最简化。

5.1.3　系统设计要点

1. 输入匹配网络

压电变压器的输入匹配网络是指开关网络和压电变压器输入端之间的接口电路。压电变压器通常与逆变驱动电路串联连接,而该逆变驱动电路也称为开关放大器,对于传统的射频放大器,其输入信号一般为一个周期信号源,射频电路的输入匹配网络的作用是匹配信号源与二端口网络之间的阻抗,使电路的增益达到最大。而压电变压器的输入匹配网络不同于传统射频放大器,它的主要作用是减小流入压电变压器谐振支路的电流,降低变压器的机械损耗,并且能创造软开关的实现条件,从而降低开关损耗和逆变电路中的干扰信号强度。由于压电变压器自身输入电容的容值较大,因此通常输入匹配网络为一个感性网络,即网络中至少应包含一个感性元件用来补偿压电变压器输入端的容性阻抗。

输入匹配网络的确定通常是在设计整个变换器的逆变驱动电路过程中进行,在实现直流到交流信号转换的同时,完成输入匹配网络的功能,这样可使电路得到进一步的简化。逆变驱动电路的设计原则是保证自身的输出阻抗在压电变压器的驱动频率范围内呈感性。因此,若逆变电路的效率足够高,输入匹配网络只包含一个电感或者一个电感与电容组成的 L 型匹配网络就能满足输入匹配网络的功能要求。

2. 输出电路

(1) 输出匹配网络

压电变压器的输出匹配网络设计目的是压电变压器的工作效率最大化,并减小流入压电变压器的无功功率。文献[92]利用功率流法基于压电变压器的传统二端口网络模型,依据负载导纳等于线性无源二端口网络的等效输出导纳的共轭复数,则负载上可以得到最大输出功率的理论可以推导出计算压电变压器的最大输出功率的公式。然后定义最佳负载为在输出功率不等于零的条件下,二端口网络的效率最大时所对应的负载为最佳负载,并可得到最佳负载的计算公式,由于最大功率和最佳负载的条件不能同时存在,最后利用功率流法对两个条件采取折中的方案,得到效率最大是的最佳负载。对于 Rosen 型压电变压器,通过该方法可以使效率的最大值达到 97%,但输出匹配网络需串接一个 1 H 的电感,该电感的体积使该输出匹配网络在实际应用中不太现实。而负载直接接纯电阻电路时效率也能达到 95.7%。因此当系统对 Rosen 型压电变换器的效率要求不太苛刻而又对其体积较敏感时,可以考虑略去输出匹配网络,输出端可以直接接整流电路。

(2) 整流电路

前文已经提到,为了缩小系统的体积,通常利用单向性的无源不可控器件来实现。高压应用场合中通常采用倍压整流电路。

3. 控制电路

量子型控制模式的最大特点是电路简单。由输入信号的频谱可知,输出电压闭环控制回路的控制信号类似于开环控制信号,因此系统不存在稳定性问题,不必对控制回路建立复杂的动态模型进行分析,所需做的只是保证控制回路的实时响应,并使压电变压器的输入电压在允许范围之内。

量子控制模式在压电高压变换器应用中有两个问题需要解决,一是设计反馈控制电路,二是选择适合于压电变压器的驱动信号频率。对于第一个问题,控制电路工作模式简单,易于实现;对于第二个问题,目前设计压电变换器还只是停留在"调试"阶段,相关文献未对频率选择给出详细理论分析,本书将详细分析量子型控制模式下频率选择的理论依据。

5.2 变换器系统分析与参数设计方法

5.2.1 逆变驱动电路结构

美国 Sandia 国家实验室提出的电子安全系统组成基本框架一直沿用至今,该系统采用三个能量隔离开关实现冗余保险,而三个能量开关中,有两个静态开关,一个动态开关。实践证明该组成结构电路结构简单、可靠。从电力电子学科的角度来看,系统中只有其中的动态开关参与功率变换。因此,本书也选择基于单开关拓扑结构来实现压电变换器的逆变驱动电路。

考虑到电子安全系统空间的限制,对于采用单开关设计的变换器,结合上文对输入匹配网络的分析和压电变压器集总参数等效电路模型的结构特点,本书采用 E 类拓扑电路,如图 5.2 所示。该电路的特点是简单,所需空间较小,能工作在高频状态,在实现理想零电压开关的条件下,理论功率转换效率可达 100%。

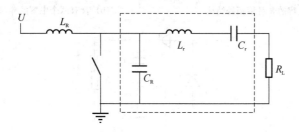

图 5.2　E 类开关变换器经典拓扑电路

含有压电变压器的 E 类拓扑电路如图 5.3 所示,该拓扑电路需要一个外接的电感来实现驱动变压器高效工作。该电感在电路中实现的功能有,串联电感和压电变压器的输入电容组成一个低通滤波器,使其输入电压波形更接近一个正弦波,这样不仅可以使压电变压器工作在低电压应力状态下,而且也可以滤除高次谐波的影响,作为一个输入匹配网络,降低回路电流,减少变换器的能量损失;创造零电压开关的实现条件,使逆变电路的功率场效应管工作在软开关状态,且该条件不依赖于压电变压器的自身参数;降低了变换器对系统电源的传导电磁干扰噪声。

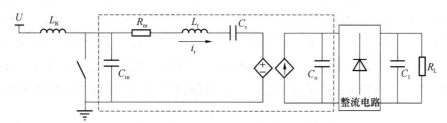

图 5.3　含有压电变压器的 E 类拓扑电路

5.2.2　输出整流电路

1. 倍压整流电路的选择

在变换器输出为高压直流的应用系统中,倍压整流电路是压电变压器的输出整流电路的首选,常见的倍压整流电路有三种,如图 5.4 所示。其中图 5.4(a)所示的不对称拓扑结构只包含一个电容和两个二极管,是三者中结构最为简单的一个。考虑到系统对变换器的设计要求,本书采用这种最简单的倍压整流电路。

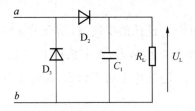 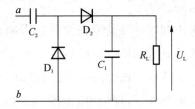

(a) 含有单个电容的非对称拓扑结构　　　　(b) 含有两个电容的非对称拓扑结构

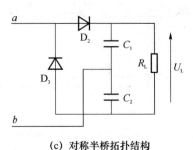

(c) 对称半桥拓扑结构

图 5.4　倍压整流电路的拓扑结构

2. 倍压整流电路的工作原理

分析之前假设电路中的二极管、电感和电容均为理想器件；压电变换器等效电阻 R_m 远小于压电变换器串联谐振支路的特性阻抗，这样该支路中的电流波形可近似看成一个正弦波形；时间常数 $R_L C_1$ 远大于开关信号的周期，这样输出电压的纹波可以忽略不计。

图 5.5 所示为带变压器输出级的倍压整流电路，分析易知，电流 i_r/n 在两个整流二极管非导通期间流入变压器的输出电容 C_o，导通角区间定义为 θ，在整流二极管 D_2 导通期间，输出电容 C_o 上的电压值等于负载高压电容的电压值，在二极管 D_3 导通期间，变压器的输出电容 C_o 的电压值则为零。倍压整流电路中的电流和电压波形如图 5.6 所示，压电变换器输出电容 C_o 在二极管非导通期间的电压可以按区间和初始值划分成两个区间函数。

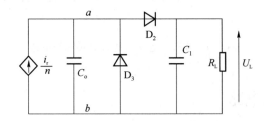

图 5.5　带变压器输出级的倍压整流电路

在 $\vartheta_0 \vartheta_1$ 区间：

$$u_{C_o} = \frac{U_L}{1+\cos\theta}(1-\cos\vartheta) \tag{5.1}$$

在 $\vartheta_2 \vartheta_3$ 区间：

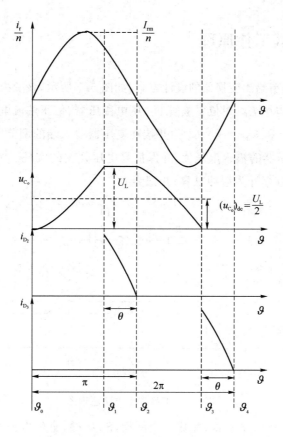

图 5.6 倍压整流电路中的电流和电压波形

$$u_{C_o} = \frac{U_L}{1+\cos\theta}(\cos\theta - \cos\vartheta) \tag{5.2}$$

依前面假设有

$$i_r = I_{rm}\sin\vartheta \tag{5.3}$$

考虑到边界条件,可以得到在一个周期中,u_{C_o} 的直流量为

$$(u_{C_o})_{dc} = \frac{U_L}{2} \tag{5.4}$$

u_{C_o} 交流量的最大值为

$$(u_{C_o})_{amax} = \frac{U_L}{2} \tag{5.5}$$

因此,整流电路的输出电压是输出电容 C_o 电压交流峰值的 2 倍,而输出电容 C_o 上的电压正是该整流电路的输入电压,即实现了整流倍压的作用。

5.2.3 电路及其工作原理

基于前文分析,本节给出变换器的设计方案,如图 5.7 所示,该变换器主电路由直流电源 U、逆变开关 S_1、谐振电感 L_R、钳位二极管 D_1、压电变压器、倍压整流电路、负载电容 C_1 以及输出电压分压电阻 R_1 和 R_2 组成。C_p 为并接在变压器输入端的调节电容,作用是连同谐振电感 L_R 调节压电变压器的输入电压值,并保证零电压开关的实现。为了描述方便,把电容 C_{in} 与 C_p 的并联等效电容称为缓冲电容,并记为 C_i。

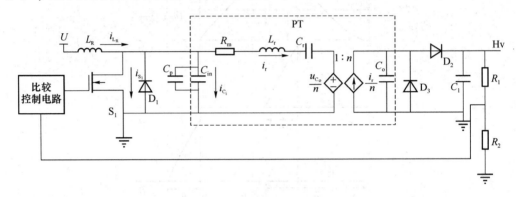

图 5.7 变换器主电路原理图

工作时逆变开关 S_1 开关一次,完成一个周期,S_1 导通,直流电源对电感 L_R 充电;S_1 截止,储存于电感的能量向压电变压器的输入电容放电,在压电变压器的输入端形成准正弦电压波形,经过压电变压器升压,以及倍压整流电路整流,输出一个脉动的直流电流给高压电容进行充电,分压电阻将输出电压反馈给控制电路,与预设电压值比较并控制开关 S_1 的动作。

1. 逆变电路工作模式分析

依照工作过程中逆变开关的状态,可将逆变驱动电路大致分为两种工作模式。其等效电路如图 5.8 所示。

- 模式 1 $[t_0 \sim t_1]$:$t=t_0$ 时,S_1 导通,由于 S_1 的导通内阻很小,所以该状态下的压电变压器被 S_1 短路,直流电源对电感 L_R 线性充电。忽略电感 L_R 的等效串联电阻及开关 S_1 的导通电阻,那么此时电路满足:

$$L_R \frac{di_{L_R}}{dt} = U \tag{5.6}$$

$$i_{L_R}(t) = \frac{U}{L_R}(t - t_0) + i_{L_R}(t_0) \tag{5.7}$$

- 模式 2 $[t_1 \sim t_2]$:$t=t_1$ 时,S_1 截止,储存于电感的能量向压电变压器的输入端电容放电形成谐振波形电压。分析易知,此刻的输入电容显然能够吸收开关 S_1 和钳位二

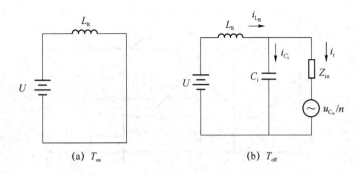

图 5.8 逆变驱动等效电路

极管 D_1 的寄生电容。为了获得理想的零电压开关条件,电路选择的开关驱动频率要稍大于压电变压器的工作频率,此时压电变压器的谐振支路阻抗呈感性,相比之下压电变压器的输入缓冲电容 C_i 提供了一个低阻抗的通路,因此电感 L_R 和缓冲电容 C_i 是该逆变器的主谐振元件。电路近似满足:

$$L_R \frac{\mathrm{d}i_{L_R}}{\mathrm{d}t} + u_{C_i} = U \tag{5.8}$$

$$C_i \frac{\mathrm{d}u_{C_i}}{\mathrm{d}t} = i_{C_i} \tag{5.9}$$

$$i_{L_R} = i_{C_i} \tag{5.10}$$

联立式(5.8)~式(5.10)并整理得

$$u_{S_1}(t) = Z i_{L_R}(t_1) \sin \omega_0 (t - t_1) + [1 - \cos \omega_0 (t - t_1)] U \tag{5.11}$$

$$i_{L_R}(t) = \frac{U}{Z} \sin \omega_0 (t - t_1) + i_{L_R}(t_1) \cos \omega_0 (t - t_1) \tag{5.12}$$

其中,

$$\omega_0 = \frac{1}{\sqrt{L_R C_i}}, Z = \sqrt{\frac{L_R}{C_i}}, u_{S_1} = u_{C_i}$$

从式(5.11)可知,在给定压电变压器和谐振电感的情况下,开关 S_1 的电压峰值随占空比 D 的大小而变化。为了降低开关器件的电压应力,D 值不能太大。D 值的具体大小应综合考虑压电变压器的升压比、输出电压要求及开关器件的耐压值确定。

图 5.9 所示是逆变电路在输入信号 u_{GS} 为固定频率和固定占空比的情况下,开关 S_1 工作于零电压开关状态下所对应的开关 S_1 的电压 u_{S_1} 和输入谐振电感的电流 i_{L_R} 的理想工作波形。

2. 谐振充电工作状态分析

将变压器的输出电容映射到压电变压器的主边电路,可以看出该变换器属于串并联谐

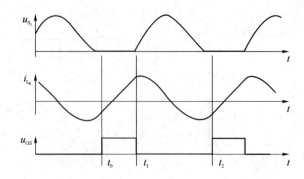

图 5.9　逆变驱动电路主要元件上的波形

振变换器。串并联谐振变换器的特点是,可以有效克服串联谐振和并联谐振直流环节存在的谐振峰值电压过高和谐振峰值电流过大的缺点,同时还能兼顾串联和并联谐振变换器的优势。在高压电容充电电源应用领域,通常负载电容值远大于谐振支路电容,因此决定电路谐振特性的电容值仍主要由 C_r 决定。这样串并联谐振变换器对不同取值的储能电容进行充电时,不会太大地影响转换器的特性阻抗和已确定的开关频率值。

与普通电源中的串并联谐振变换器分析不同,电容充电电源变换器中储能电容器的电压是一个变量,随充电时间逐渐升高。假定电路中的元件均工作于理想状态,变换器的完整充电工作周期一般可分为 4 个状态,把压电变压器的次级输出网络映射到初级,记输出电容的映射电容为 C'_o,负载高压电容的映射电容为 C'_1,各状态的等效电路如图 5.10 所示。

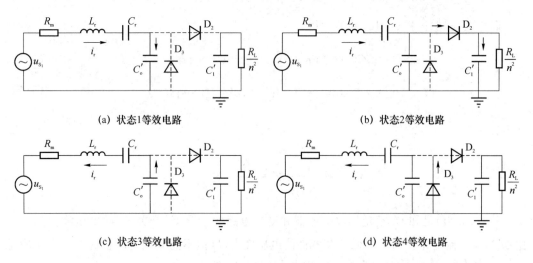

(a) 状态1等效电路　　(b) 状态2等效电路

(c) 状态3等效电路　　(d) 状态4等效电路

图 5.10　变换器工作过程的等效电路

其中: $C'_o = n^2 C_o$, $C'_1 = n^2 C_1$。

- 状态 1[$t_0 \sim t_1$]:为了分析方便,取电流正向为零时,记为该模式的时间零点,等效电路如图 5.10(a)所示,t_0 时刻谐振电流 i_r 开始从零按正弦波形给电容 C'_o 充电,电路中的 C'_o 参与谐振。该状态下电路处于内部谐振状态,不对负载提供能量,当 C'_o 上的电压上升到 $u_{C_p} = U_L/n$ 时,该工作状态结束。

- 状态 2[$t_1 \sim t_2$]：在 t_1 时刻 C'_o 上的电压上升到 $u_{C_p}=U_L/n$，二极管 D_2 导通，电路开始向负载输出能量。此时，C'_o 退出谐振，C'_1 参与电路谐振，但通常情况下 $C'_1 \gg C_r$，因此电路的谐振特性几乎不受 C'_1 的影响，当谐振电流 i_r 正向减小到零时，该工作状态结束，等效电路如图 5.10(b) 所示。
- 状态 3[$t_2 \sim t_3$]：在 t_2 时刻谐振电流 i_r 正向减小到零，二极管 D_2 自然关断，C'_o 参与谐振，电路停止向负载输出能量，进入内部谐振状态，C'_o 上的电压开始下降，当电压降为零时，该工作状态结束，等效电路如图 5.10(c) 所示。
- 状态 4[$t_3 \sim t_4$]：在 t_3 时刻 C'_o 上的电压回落到 $u_{C_p}=0$，二极管 D_3 导通，C'_o 退出谐振。该状态结束时，回到初始状态，一个周期结束，等效电路如图 5.10(d) 所示。

5.2.4 恒流充电实现条件

第 2 章已经分析过恒流充电过程可使电容充电回路效率最大化。该特性的实现也是评价一个电容充电电源变换器性能好坏的重要标准。下面本书详细分析变换器实现恒流充电的条件。

1. 倍压整流电路导通角分析

电容充电电源与普通直流电源工作过程不同，前者的输出电压是随着变换器工作周期增加而呈阶梯状上升。这里记第 m 个工作周期，对应的二极管导通角、谐振电流最大值和初始输出电压分别为 θ_m、$I_{rm(m)}$ 和 $U_{L(m-1)}$。

联立式(5.1)~式(5.3)可得

$$\frac{I_{rm(m)}}{n} = \frac{U_{L(m-1)} \omega C_o}{1+\cos \theta_m} \tag{5.13}$$

这里 $\omega = 2\pi f$。

因此任意第 m 个周期流经二极管 D_2 的平均电流值为

$$I_{D_2 av} = \frac{1}{2\pi}\int_{\pi-\theta_m}^{\pi} \frac{I_{rm(m)}}{n} \sin \vartheta \mathrm{d}\vartheta = \frac{1}{2\pi}\frac{I_{rm(m)}}{n}(1-\cos \theta_m) = \frac{1}{2\pi} U_{L(m-1)} \omega C_o \tan^2\left(\frac{\theta_m}{2}\right) \tag{5.14}$$

则在该周期中流入高压电容的电量为

$$Q_m = I_{D_2 av} \cdot \frac{2\pi}{\omega} \tag{5.15}$$

假设电容充电过程实现线性恒流充电，忽略负载分压电阻消耗电能，由第 m 个周期流入电容的电量等于第 $m+1$ 个周期的流入电量，有

$$Q_m = Q_{m+1} \tag{5.16}$$

将式(5.14)和式(5.15)代入式(5.16)中,有

$$U_{L(m-1)} C_o \tan^2\left(\frac{\theta_m}{2}\right) = U_{L(m)} C_o \tan^2\left(\frac{\theta_{m+1}}{2}\right) \tag{5.17}$$

注意到:

$$U_{L(m)} = U_{L(m-1)} + Q_m/C_1 \tag{5.18}$$

由式(5.17)和式(5.18)可得满足恒流充电条件下,导通角变化的递推公式:

$$\tan^2\left(\frac{\theta_{m+1}}{2}\right) = \frac{\tan^2\left(\frac{\theta_m}{2}\right)}{1 + \dfrac{C_o}{C_1} \cdot \tan^2\left(\frac{\theta_m}{2}\right)} \tag{5.19}$$

取 θ 的初始值为 π,利用数值分析的方法由式(5.19)计算得导通角 θ 与运行周期数 m 的关系曲线,如图5.11所示,从图中看以看出随着充电周期的增加,导通角呈减小趋势。其中在开始的5 000个周期导通角下降较快,之后下降速度逐渐变缓,最后基本趋于稳定。

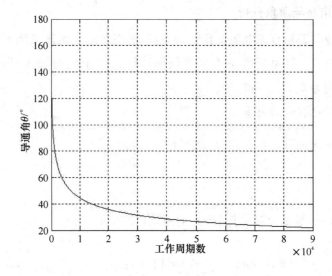

图5.11 导通角与工作周期数的关系曲线

2. 恒流充电对支路谐振电流的要求

由式(5.13)可以得到,第 $m+1$ 和第 m 个工作周期的谐振电流满足关系:

$$\frac{I_{rm(m+1)}}{I_{rm(m)}} = \frac{(1+\cos\theta_{m+1}) \cdot U_{L(m)}}{(1+\cos\theta_m) \cdot U_{L(m-1)}} \tag{5.20}$$

当变换器对高压电容实现恒流"等台阶"充电时,显然有

$$U_{L(m)} = m \cdot \Delta U, U_{L(m+1)} = (m+1) \cdot \Delta U \tag{5.21}$$

此时,对应的 θ_{m+1} 与 θ_m 的关系可由式(5.19)确定,定义系数:

$$k = \frac{1 + \cos \theta_{m+1}}{1 + \cos \theta_m} \tag{5.22}$$

联立式(5.19)和式(5.22)进行数值计算,可以得到变换器的工作周期数与系数 k 的对应关系曲线,如图 5.12 所示。

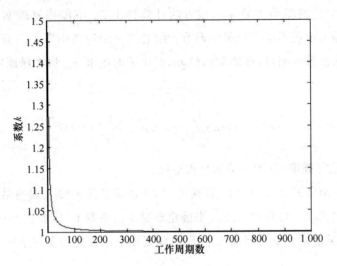

图 5.12 工作周期与系数 k 的对应关系曲线

由图 5.12 可以得到,随着工作周期的增加,系数 k 逐渐减小并趋于恒定值(等于 1),当工作周期大于 60 时,k 的取值已小于 1.01。通常电容器充电初期具有很好的恒流特性,本书设计的充电电源变换器工作周期约数万个,所以考虑整个过程实现恒流"等台阶"充电的条件时,本书取 $k=1$。

所以由式(5.20)可得,实现恒流充电时,谐振电流的最大值应满足:

$$\frac{I_{rm(m+1)}}{I_{rm(m)}} = \frac{m}{m-1} \tag{5.23}$$

记 $\Delta I_{rm(m)} = I_{rm(m+1)} - I_{rm(m)}$,则有

$$\Delta I_{rm(m)} = I_{rm(m+1)}/m \tag{5.24}$$

由上式可知,当谐振电流的最大值满足起始值较小而后逐渐呈等台阶增大时,变换器便可以近似实现电容的等台阶充电。

5.2.5 逆变驱动电路参数设计方法

图 5.7 所示电路中的电感 L_R 不仅和变压器输入缓冲电容 C_i 一同起到低通滤波器的作

用,而且也是一个获得软开关工作模式的有效途径。同时通过调节电感 L_R、缓冲电容 C_i 以及驱动信号的占空比,可以灵活调节变压器的输入电压值。

文献[45,95]提出利用 L_R 与压电变压器的输入电容 C_{in} 组成的谐振电路频率尽可能接近压电变压器的工作频率这一计算方法来确定 L_R,即满足如下关系:

$$f_w = \frac{1}{2\pi \sqrt{L_R C_{in}}} \tag{5.25}$$

但对任意占空比的驱动信号 u_{GS},该方法计算得出 L_R 不能很好地实现零电压开关操作,且变压器的输入电压不能实现灵活调节。结合式(5.11)考虑零电压开关实现的基本条件,逆变驱动电路参数应满足,在驱动信号 u_{GS} 低电平的始末,u_{S_1} 均能保证电压为零,此时有如下关系式:

$$\left[\pi + 2\arctan\frac{U}{Zi(t_1)}\sqrt{L_R C_i} \leqslant \frac{1}{f_d}(1-D)\right] \tag{5.26}$$

其中:f_d 为驱动信号频率;D 为驱动信号占空比。

因此,本书提出将式(5.25)中 C_{in} 替换为 C_i,在确定变压器输入端的最大电压值和驱动信号频率后,联立式(5.11)和式(5.26)来确定电感 L_R、参数 C_i 以及占空比的具体值,该方法可以同时满足灵活调节变压器输入电压,且满足零电压开关的实现条件。

5.2.6 量子控制模式下驱动频率优选分析

开关频率是变换器设计的重要参数,这是因为首先压电变压器的工作效率、电压增益都是频率函数,所以频率的选择直接影响变压器的工作性能表现。其次,频率的选择还涉及变换器开关器件的软开关实现条件,且关系到整个变换器是否能实现对负载高压电容的恒流等台阶充电。实际应用中,发现若开关频率选择不当,轻则系统不能实现恒流充电,零电压开关,重则系统的输出电压不能达到预设要求。目前,由于国内外对压电变压器应用于电容充电电源领域的相关文献很少,至今未获得相关文献对量子模式控制下频率选择所做的详细分析。

量子控制模式结构简单,便于提高系统的可靠性,能满足本书研究背景的要求,但由于该模式下采用固定频率控制,因此在上述约束条件下,不能同时满足最优。本书主要通过上文分析过的恒流充电条件、零电压开关的实现条件以及实现最大电压增益等条件,来优化选择量子控制模式下的驱动频率值。

1. 最大电压增益条件下的频率选择

对于给定负载,通常选择开关频率应使压电变压器工作处于获得最大增益状态。本书给出的拓扑电路中变压器负载为含有高压脉冲电容的倍压整流电路,在电容充电过程中变压器的等效负载随着充电电压值的变化而变化,充电过程中其最佳开关频率不是一个定值,而是一个频率区间。因此需从中选择一个较为优化的开关频率值。

当变换器的等效电路处于谐振时,压电变压器电压增益最大。随着工作周期的不断增加、输出电容电压的不断上升,为了获得理想的输出性能,选定的逆变电路开关频率应使整个变换电路在充电末期获得最大的电压增益。这里可以利用第3章的分析结论作为确定的理论依据。在应用中要注意,第3章的分析结果是建立在将变换器中容性阻抗为主等效成电阻阻抗为主的模型之上,工作频率特性刚好相反,因此在理解第3章的结论时需要做一下等效调整。图3.14所示的工作周期增大频率递减的特性代表实际变换器电路的工作频率呈递增特性。充电末期的工作频率可由曲线的第一个周期对应的频率来确定。

因此令 $m=1$,将式(4.51)、式(4.53)代入式(4.41)可得变换器的工作频率为 $f'_{w1}=79.4\text{ kHz}$,实际应用中,驱动频率 f_d 的选择只要稍大于 f'_{w1} 即可为电路整个工作过程创造良好的实现软开关的条件,同时也能保证系统充电末期的升压性能。

2. 等台阶充电条件下的频率选择

以变换器中压电变压器的主边之前电路为研究对象,当变换器对负载电容充电时,等效电路如图5.13所示,电路中的主要波形及关系如图5.14所示。在固定频率控制模式下,重点考虑在充电后期电路的等台阶充电条件。

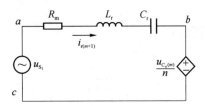

图 5.13　压电变压器主边等效电路

由4.3.1节的分析结果知,在充电后期输出电容电压的基波比谐振电流的相位滞后约四分之一周期,即 $|\varphi_{(1)}|=90°$,如图4.9所示。由于在选定频率时 a、b 两端间的阻抗一定,结合式(5.23)给出的等台阶充电条件,所以只要 a、b 间的电压 u_{ab} 呈等台阶最大递增,即可近似满足系统的恒流充电要求,且能保证在给定输入电压下输出功率的最大化。对图5.14所示 u_{S_1}、i_r 和 u_{C_o}/n 信号相位进行分析知,只要满足谐振电流 i_r 与压电变压器的输入电压 u_{S_1} 之间的相位差 ϕ 约为 $90°$,即可满足上述分析的条件。

$$\arctan\left(\frac{R_m}{\sqrt{\left(L_r\omega_s-\dfrac{1}{C_r\omega_s}\right)^2}}\right)=\phi\rightarrow 90° \tag{5.27}$$

对应的驱动频率为

$$f_d=\frac{\omega_s}{2\pi} \tag{5.28}$$

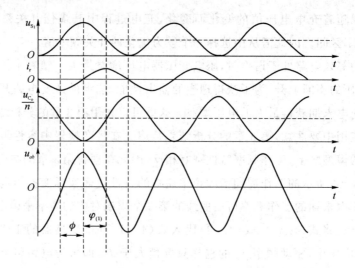

图 5.14 谐振支路主要波形示意图

此时，u_{S_1} 与 $u_{C_o(1)}/n$ 刚好反向，所以 a、b 间的电压峰-峰值可以得到最大，且由于 $u_{C_o(1)}/n$ 的最大值呈等台阶递增趋势，因此 u_{ab} 的峰-峰值也呈等台阶递增。

$$u_{ab(p-p)} = u_{S_1(p-p)} + \frac{u_{C_o(1)(p-p)}}{n} \tag{5.29}$$

对应的谐振电流的峰-峰值为

$$i_{r(p-p)} = \frac{u_{ab(p-p)}}{\sqrt{R_m^2 + \left(L_r\omega_s - \frac{1}{C_r\omega_s}\right)^2}} \tag{5.30}$$

3. 变换器工作过程等效模型频率确定

分析已经得知，在实现等台阶充电的条件下，导通角随着充电周期的增加不断减小。由 5.2.3 节的分析可知，对应的变换器工作过程中状态 1 和状态 3 持续时间逐渐增大，状态 2 和状态 4 持续时间逐渐缩短。在各个状态下，当等效电路处于谐振状态时，电路可以获得最大的谐振电流值，同时可以得到最大的电压增益。

状态 2 和状态 4 下的工作频率为

$$f'_{w2} = \frac{1}{2\pi\sqrt{L_r C_r}} \tag{5.31}$$

状态 1 和状态 3 下的工作频率为

$$f'_{w3} = \frac{1}{2\pi\sqrt{L_r \cdot \dfrac{C_r \cdot n^2 C_o}{C_r + n^2 C_o}}} \tag{5.32}$$

分析可知,可以选择式(5.32)作为驱动频率的上限值,显然该值既可以满足在充电后期保证较大的升压比,同时因 f'_{w3} 大于实际工作过程的工作频率,所以该频率值也能给软开关的实现创造良好的条件。

4. 计算结果比较

将实验用变压器的参数值分别代入式(5.28)和式(5.32),这里选择采样分压电阻 $R_L = 100\ \text{M}\Omega$,得到 $f'_{w1} = 79.4\ \text{kHz}, f_d = 79.5\ \text{kHz}, f'_{w3} = 80.2\ \text{kHz}$。本节从不同的角度对开关驱动频率进行了分析计算,计算结果显示的基本一致性说明了当变换器的等效电路获得最大升压比时,也为恒流等台阶充电提供了实现条件,同时该计算结果也相互验证了各方法分析的正确性。由第3章的计算结果知,计算值要略大于实际测量值,因此在实际应用中,直接取计算值即已为零电压开关的实现创造了条件。

5.2.7 控制电路设计

量子模式控制电路主要由分压采样电路、参考比较电路和逻辑控制电路部分组成。采样电路将高压电容的输出电压通过分压送入参考比较电路,与预设参考电压的上下限进行比较,并输出相应的高低电平。逻辑控制电路部分负责分频产生选择的带有固定占空比的开关频率信号,并连同比较电路的输出信号,调制后输出到功率开关的驱动电路端。

1. 采样分压电阻的确定

采样分压电阻的设计原则主要考虑保证变换器对电容的充电功率,同时也不影响压电变压器的工作特性。由式(5.19)可知,假设变换器的输出端不加采样电阻,有

$$P_{L_m} = \frac{(u_{C_o(1)\max})^2}{2R'_{Leq}} = \frac{1}{2}C_1 U_{L(m)}^2 - \frac{1}{2}C_1 \left(U_{L(m)} - \frac{U_{L(m)}}{m}\right)^2 \tag{5.33}$$

所以有

$$\frac{R'_{Leq}}{R_{Leq}} = \frac{2}{R_L C_1 \left(\frac{2m-1}{m^2}\right)} + 1 \tag{5.34}$$

因此,在保证分压电阻的消耗功率远小于变换器输出功率的情况下,考虑到在充电前期采样电阻的大小不影响变压器频率随阻抗的变化特性,应满足两等效电阻值的大小差别不超过一个数量级。由式(5.34)知,本书取 $R_L = 100\ \text{M}\Omega$,可以满足要求。

2. 比较电路和逻辑控制电路

图5.15所示为比较和逻辑控制电路示意图,采样信号经过 RC 滤波器输入比较器的比较端,电阻 $R_4 \sim R_7$ 实现参考值的上下限设置,正反逻辑电路在控制电路中是由"与非门"电路实现的。本书的控制逻辑部分由控制电子安全系统的保险与解除保险的可编程逻辑器件来实现。

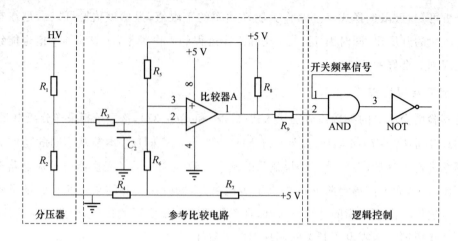

图 5.15　比较和控制逻辑电路示意图

5.3　变换器主电路仿真与分析

本节在前文确定了主电路的基础上，进行变换器主电路的仿真研究。主要目的是通过仿真模型的建立克服实际电路中部分参量不方便或不可测试的缺点，为更深入理解变换器的工作过程、验证电路分析的正确性以及变换器电路参数优化提供一个辅助工具。此外主电路仿真模型的建立也为包含控制回路的整个变换器系统实现最终的计算机设计奠定基础。

5.3.1　仿真模型建立

（1）仿真方法选择

目前，可用于变换器电路的、最有影响力的仿真软件当推 PSPICE 和 MATLAB。MATLAB 拥有强大的控制功能，便于以后对包含主电路和控制电路的整个系统进行仿真。本书选择在 MATLAB 的基础上进行电路仿真。

在 MATLAB 的基础上进行电路仿真通常有两种途径，一种是基于传递函数的仿真实现，另一种是基于电气原理图的仿真实现。前者主要是在 MATLAB 的 Simulink 下实现，其传递函数模型需要设计者自己分析后建立，模型是否真实描述实际情况，在很大程度上影响仿真结果的可行度。后者则是主要通过 MATLAB 中的 SimPowerSystems 工具箱电气元件以及其他工具箱中的模块，严格按照实际电路的电气连接关系建立模型。利用该方法建立的仿真模型直观，且电路参数易于调节。本书采用基于电气原理图建立仿真模型。

（2）模型建立

严格按照变换器主电路的实际电路组成元件以及电气连接关系，从 SimPowerSystems 工具箱中选择相应的电路模块建立仿真模型，如图 5.16 所示。

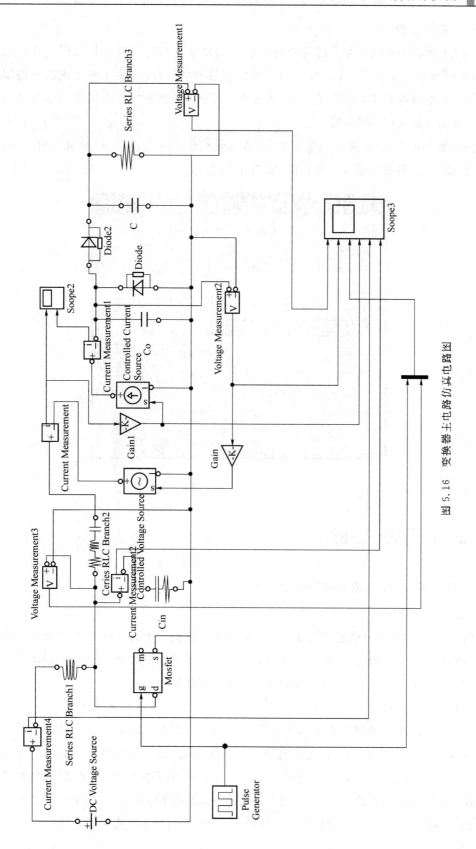

图 5.16 变换器主电路仿真电路图

(3) 参数设置

为了方便将仿真结果与实际样机电路运行结果进行对比来验证仿真模型建立的正确性,仿真模型中的每个模块参数设置与样机的参数设置一致,其中压电变压器的模型参数值按第 4 章的测得的参数结果设置,功率场效应管和高频整流二极管的相关参数可以参考采用的元器件的数据手册设置。

仿真参数设置:解算选项为变步长,最大和最小步长选为自动,相对精度为 1e-3,算法选择为 ode23tb,其他选项选择默认值,如图 5.17 所示。

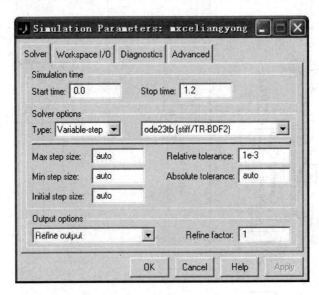

图 5.17　仿真参数设置

5.3.2　仿真结果分析

1. 输出电压及逆变驱动电路仿真分析

(1) 仿真结果

图 5.18 显示了输出电压以及变换器逆变驱动电路的主要信号波形,仿真波形与接下来的实验结果波形高度吻合,验证了仿真模型建立的正确性。逆变驱动电路中的各信号波形特征与上文分析结果一致,仿真结果验证了分析的正确性。

(2) 仿真波形分析

图 5.18(a)和(c)分别是充电前期和充电末期的波形曲线。图 5.18(b)是图 5.18(a)的对应局部放大波形。图中显示,高压电容的输出电压 u_{C_1} 的信号波形显示输出电压呈等台阶上升;开关频率信号 u_{GS} 和变压器的输入电压信号 u_{S_1} 波形曲线显示,开关闭合时,开关上的电压呈准正弦波形开始从零上升,当开关接通时,电压刚好降为零,功率开关工作在软开关状态,大幅度降低了开关损耗,输入电压最大值为 60 V,与实测电路值一致。

(a) 充电前期的波形曲线

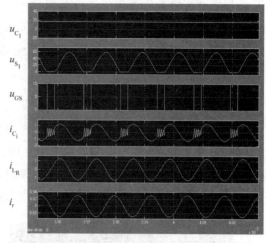
(b) 充电前期的放大波形曲线

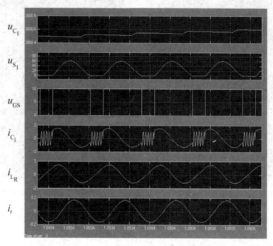
(c) 充电末期的波形曲线

图 5.18 输出电压与逆变电路主要信号仿真波形

流经缓冲电容的电流信号 i_{C_i} 显示,在开关闭合阶段,其波形与流经电感的波形 i_{L_R} 基本一致,这说明在此期间变压器的谐振支路对缓冲电容与谐振电感形成的主谐振回路影响可忽略,在开关导通阶段,波形上的衰减振荡是由缓冲电容与开关导通时的寄生电感产生的谐振造成的,该振荡波形也是电路产生电磁干扰的一个重要来源,实际应用中软开关的实现可大幅降低该振荡信号的幅度;流经逆变电路谐振电感的电流 i_{L_R} 波形显示在开关导通阶段电流线性上升,开关闭合期间,电流呈正弦振荡波形;变压器谐振支路电流 i_r 信号波形显示充电起始阶段和末期谐振支路电流波形近似正弦波形,且最大值都远小于流经逆变电路谐振电感电流的最大值。

对比图 5.18(b) 和图 5.18(c) 可以看出,尽管充电前后期的谐振电流变化较大,但均不影响流经谐振电感与流入缓冲电容电流之间的对应关系。即在变换器整个充电工作过程中,谐振电感与缓冲电容构成的谐振电路一直是逆变电路的主谐振回路。此外,还可以看到整个过程中,变压器的输入电压最大值基本保持不变,该信号不随着输出电压的变化而变化,这与下文图5.22所示实测电路波形结果一致。以上仿真结果验证了前文对逆变开关工作模式分析的正确性。

2. 倍压整流电路仿真结果

图5.19所示为倍压整流电路工作过程的波形仿真,其中图5.19(a)为充电前期的波形曲线图,图5.19(b)为充电末期的波形曲线图。对比图5.19(a)和图5.19(b)可以得知,随着充电周期的递增,整流电路中的二极管导通角在逐渐减小。谐振支路电流最大值不断增大,与前文的分析结果一致,验证了对整流电路分析的正确性。

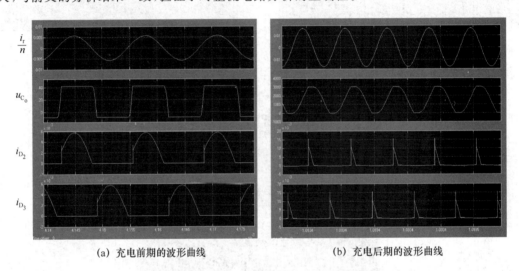

(a) 充电前期的波形曲线　　　　　　(b) 充电后期的波形曲线

图 5.19　倍压整流电路仿真波形

3. 压电变压器谐振支路仿真结果

图5.20为充电末期压电变压器主边等效电路中主要信号的电压波形,其中第一通道为R_m-L_r-C_r谐振支路两端的电压波形u_{ab}(见图5.13),第二通道为变压器输入电压u_{S_1}信号波形,第三通道为等效变压器主边受控电压源u_{C_o}/n的波形。仿真结果显示,5.2.6节分析的频率选择方法可使变换器实现近似恒流等台阶充电,图中充电末期对应的变换器谐振支路两端电压的峰-峰值约等于其余两电压信号峰-峰值之和,验证了分析的正确性。

5.4　实验与应用实例

为了验证变换器电路的正确性,研制了一台实验样机。该样机变换器主电路中元器件主要采用第3章中实验所用的压电变压器、功率场效应管 IRLR3410、负载高压电容 $0.22\mu F/4kV$、高压高频二极管 GL506,采样分压电阻 R_1、R_2 分别取 $100\ M\Omega$ 和 $100\ k\Omega$。从

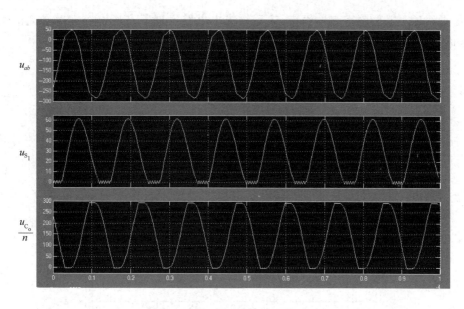

图 5.20 谐振支路两端电压信号波形

第 3 章分析的频率特性可知,驱动频率信号的计算值要略大于实际测量值,所以选择频率时可直接选择计算值,能同时创造实现零电压开关的必要条件。

图 5.21 是输入直流电压为 28 V,驱动信号频率 f_d 取 79.4 kHz,占空比 D 为 0.2,按 5.2.5 节方法计算电感 L_R 取 47 μH 时,输入端并联电容 C_P 取 78 nF,驱动信号电压 u_{GS} 和变压器输入电压 u_{S_1} 的实验波形,可以看出实际电路的逆变开关工作于零电压软开关模式。u_{S_1} 的最大值约为 58 V,与式(5.11)计算结果一致。

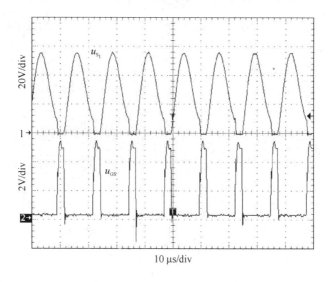

图 5.21 u_{GS} 与 u_{S_1} 实验波形

图 5.22 为室温下压电变压器输入电压 u_{S_1} 与负载电容输出电压 u_{C_1} 的波形图。实验将输出电压控制在 2.9~3.1 kV。可以看到,在量子控制模式下输出电压的变化过程。电容

电压 u_{C_1} 曲线的上升段斜率基本恒定,表示该充电电路实现了高压电容效率较高的恒流充电工作模式。

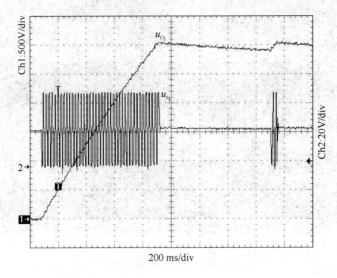

图 5.22　u_{S_1} 与 u_{C_1} 实验波形

图 5.23 所示为压电变压器谐振支路电流 i_r 与负载电容输出电压 u_{C_1} 的波形图。实际的电路中没有可以直接测试谐振电流的理想测试点,本书通过将精密电阻串接在压电变压器公共地端与电路的地端之间,通过测试电阻的电压值来间接反映谐振支路的电流大小。图示可以看出,在充电过程后期谐振电流的包络线变化趋势和输出电压值一样均呈等台阶上升状,该结果验证了系统实现恒流充电条件分析的正确性。

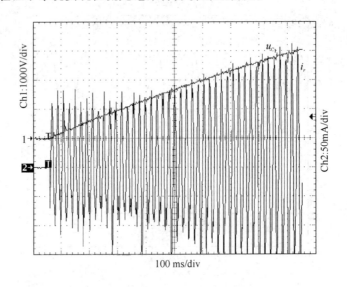

图 5.23　i_r 与 u_{C_1} 实验波形

图 5.24 所示为负载短路放电时和空负载时的高压电容输出波形。波形显示出负载短路放电后,电路能够继续正常工作,在空载时,能够控制在预设的电压区间内。

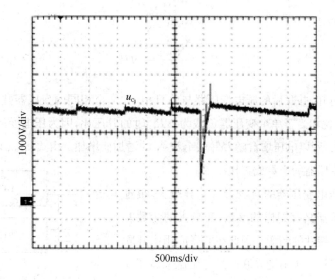

图 5.24　负载短路放电时的电压输出波形

5.5　并联压电变压器的高压变换器

目前由于几何尺寸和材料特性的限制，压电变压器的传输功率还相对较小。汽车安全气囊点火系统应用于不同的型号背景下对充电的时间要求不一，基于目标基的解保信号广泛应用对变换器的功率输出提出更高的需求。单片压电变压器输出功率较低成为压电变压器发展的最大障碍。压电变压器的并联连接在一定程度上可以提高其传输功率。本节首先通过压电变压器等效电路模型分析并联连接特性，然后利用前面的研究成果建立基于量子模式控制的并联压电变压器高压变换器设计电路，最后通过实验给出的实测波形验证并联连接在提高输出功率方面的可行性。

5.5.1　并联特性分析

从压电变压器的集总参数等效电路模型考虑，理论上压电变压器可以看作为一个二端口模型，有四种可能的连接方式，即并联输入-并联输出、串联输入-串联输出、并联输入-串联输出、串联输入-并联输出。实际上，Rosen 型压电变压器的原边和副边有统一的非隔离地线，所以只有前两种连接方式可以实现，本书则讨论压电变压器的并联输入-并联输出连接，对于 N 个参数完全相同的压电变压器，在并-并联连接时，各个变压器的输入电压都相等，记为 u_{inp}，则 $u_{inp}=u_{in1}=u_{in2}=\cdots=u_{inN}$，并且输出电压也都相等，记为 u_{outp}，$u_{outp}=u_{out1}=u_{out2}=\cdots=u_{outN}$。负载阻抗和输出功率分别为

$$R_{LP} = \frac{R_L}{N} \quad (5.35)$$

$$P_{op} = \frac{Nu_{out}^2}{R_L} = NP_o \quad (5.36)$$

由以上分析可知,并联后的压电变压器与单只相比,N个相同的变压器并-并联连接后带负载为R_L时的升压比相当于单个变压器负载为NR_L时的升压比,因为压电变压器的电压增益随着负载增大而增大,所以电压增益随着并联个数N的增加而增加。由式(5-36)可知,理想状态下输出功率与并联变压器的个数成正比。

由于实际中压电变压器的自身参数差异较大,很难保证多个压电变压器具有同样的参数,而较大的参数差异会引起整体性能特性的畸变。因此在并联应用中并联数量一般不超过三只。本书则并联两只变压器来验证并联压电变压器在电容充电电源应用的可行性,其连接结构如图5.25所示。

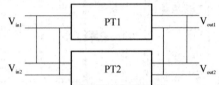

图 5.25 压电变压器的并联连接图

5.5.2 实验和测量结果分析

为了验证并联压电变压器使用的有效性,研制了一台实验样机。样机采用的压电变压器选择为同批次产品中参数较为接近的两只变压器。其主要参数如表5.1所示,逆变开关采用功率场效应管,负载高压电容 0.22 μF/4 kV。开关驱动频率 f_d 取 79.4 kHz。

表 5.1 压电变压器的主要参数

	PT1	PT2
C_{in}/nF	10.1	10.3
L_r/mH	15.12	15.11
C_r/pF	301	303
R_m/Ω	10.7	10.5
C_o/pF	18.37	18.22
n	10.25	10.21

变换器的主电路如图5.26所示,与上文给出的单只变压器的变换器基本相同,实验中需要注意的是在对比单只与并联的充电结果时,须调节变压器输入端并联电容大小,使并联前后的缓冲电容值一致,这样才能保证变压器输入电压的一致性。

图5.27给出了输入直流电压为28 V,开关频率信号占空比为0.2,充电电压设置在2.9~3.1 kV时,变压器1、变压器2分别单独工作以及并联工作的充电波形。结果显示,压电变压器1单独工作充电需要852 ms,如图5.27(a)所示;变压器2单独工作充电需要

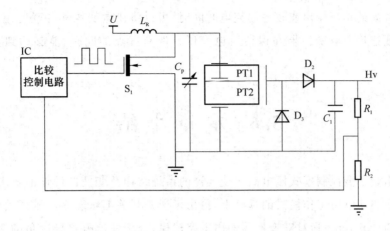

图 5.26 并联压电变压器高压变换器主电路

844 ms,如图 5.27(b)所示;二者并联工作充电时间为 448 ms,如图 5.27(c)所示,并联后的电路输出功率近似为两者之和。图 5.27(d)给出了开关输入电压 u_{GS}(ch4)和逆变电路输出电压 u_{S_1}(ch3)的实验波形,可以看出并联压电变压器后实际电路的逆变开关仍工作于零电压软开关模式。

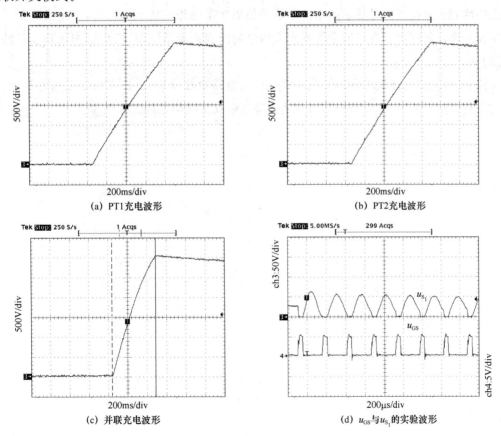

图 5.27 并联充电实验波形

在需求较大的功率输出或较短的充电时间时，可以将压电变压器并联使用。实验结果显示，并-并联连接压电变压器在保留压电变压器所有优点的同时，能够达到更高的输出功率。

5.6 本章小结

本章提出量子型控制模式压电高压变换器的系统结构及变换器设计的要求；在详细分析变换器逆变驱动电路工作模式的基础上，得出了逆变开关工作于零电压开关状态的条件和电路参数的计算方法；通过对变换器输出电路建模，分析整流电路导通角的变化趋势，得出了压电高压变换器实现恒流充电的条件，为变换器输出电路工作在效率最大化状态提供理论依据。从电压增益最大、恒流充电等方面得出了驱动频率选择依据。利用变换器等效电路模型研究了变换器的充电过程，分析结果为频率选择的工程计算提供一个简单有效的方法。

建立的变换器主电路仿真模型的仿真结果与实测结果的高度吻合性验证了仿真模型的正确性和有效性。针对目前压电变压器的传输功率还相对较小的问题，提出了通过压电变压器并联连接应用于汽车安全气囊点火压电高压变换器系统中，实验证明电路设计的正确性。

综上所述，逆变开关零电压开关工作条件及电路参数计算方法，利用电压增益最大、恒流充电实现选择得到的驱动频率，可有效提高压电高压变换器的工作效率。

第6章 自适应频率跟踪模式压电高压变换器研究

汽车安全气囊点火系统在规定的-40~+60℃工作温度范围内变化时,应保证其发火电容充电时间基本一致。而压电高压变换器在低温环境下会出现充电时间变长的问题。针对此问题,本章提出采用自适应频率跟踪模式,控制高压电容的充电过程。本章首先分析研究谐振支路电流滞后角计算的理论依据,然后提出基于锁相环的控制实现方案并对控制电路进行具体分析设计,最后通过样机实测波形验证方案的可行性。

6.1 自适应频率跟踪控制分析

第5章已经分析得知,在电容充电电源领域,压电变压器的工作频率选择主要依据是使电路实现恒流充电模式的同时让变压器在环境变化过程中始终能获得一个较大电压增益输出,而变压器的机械谐振状态可以近似为最大电压增益输出状态。因此自适应跟踪频率控制模式理论依据就是获取压电变压器的输出电流信号和输入电压信号的相位信息,并使二者的相位差为零或接近于零。本书提出逆变驱动电路工作在软开关条件,为使压电变压器的输入阻抗呈感性,控制输出电流相位滞后于输入电压信号并保持相位差恒定。

6.1.1 谐振支路电流滞后角分析

第5章介绍的变换器主电路可简化为图6.1所示,由于压电变换器等效电阻 R_m 远小于压电变换器串联谐振支路的特性阻抗,谐振支路中的电流波形可近似看成一个正弦波形。

$$i_r = I_{rm}\sin(\omega t + \alpha) \tag{6.1}$$

式中:ω 为开关驱动角频率;α 为谐振支路电流相对于 i_{L_R} 信号的滞后角。因此流经开关 S_1 和缓冲电容的电流可表示为

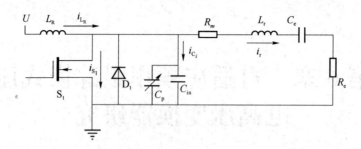

图 6.1 变换器主电路简化图

$$i_{S_1} + i_{C_i} = i_{L_R} - I_{rm}\sin(\omega t + \alpha) \tag{6.2}$$

显然,在时间区间 $0 < \omega t < 2\pi D$,开关 S_1 导通,此时缓冲电容被短路,电流 $i_C = 0$。而在时间区间 $2\pi D < \omega t < 2\pi$,开关 S_1 截止,此时流经开关的电流 $i_{S_1} = 0$。因此流经缓冲电容的电流为

$$i_{C_i} = \begin{cases} 0 & 0 < \omega t < 2\pi D \\ i_{L_R} - I_{rm}\sin(\omega t + \alpha) & 2\pi D < \omega t < 2\pi \end{cases} \tag{6.3}$$

缓冲电容上或开关 S_1 上的电压为

$$u_S = \frac{1}{C_i}\int_{2\pi D/\omega}^{t} i_{C_i}\,dt$$

$$= \begin{cases} 0 & 0 < \omega t < 2\pi D \\ \dfrac{1}{C_i}\int_{2\pi D/\omega}^{t} i_{L_R}\,dt + \dfrac{I_{rm}}{\omega C_i}[\cos(\omega t + \alpha) - \cos(2\pi D + \alpha)] & 2\pi D < \omega t < 2\pi \end{cases} \tag{6.4}$$

由零电压开关实现条件可知,上式的边界条件为当 $t = 2\pi/\omega$ 时,对应的开关 S_1 上电压为零,由前文分析可知,显然当满足式(6.5)时,可为零电压开关的实现创造理想的条件。

$$\frac{I_{rm}}{\omega C_i}[\cos(\omega t + \alpha) - \cos(2\pi D + \alpha)]\bigg|_{\omega t = 2\pi} = 0 \tag{6.5}$$

此时由式(6.5)可以得出

$$\alpha = \pi - \arctan\frac{1 - \cos(2\pi D)}{\sin(2\pi D)} \tag{6.6}$$

因此,当给定开关信号的占空比时,满足零电压开关条件的谐振支路电流相对逆变电路流经谐振电感电流的滞后角可由式(6.6)计算得出,该角度也是确定自动跟频控制电路相位补偿的设计依据。

6.1.2 基于锁相环的频率跟踪方案

锁相环技术已广泛应用于工业自动化系统、通信系统的一些常用信号处理方法中。它主要由三个基本单元构成：相位比较器、压控振荡器和外接的无源低通滤波器。集成锁相环功能框图如图6.2所示。

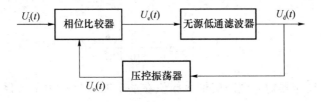

图6.2 集成锁相环功能框图

施加于相位比较器的有输入信号$U_i(t)$和压控振荡器的输出信号$U_o(t)$。相位比较器输出信号$U_e(t)$正比于$U_i(t)$和$U_o(t)$的相位差。$U_e(t)$经低通滤波器滤去高频成分后得到一个平均电压$U_d(t)$，该电压信号控制压控振荡器的频率变化，使输入与输出信号频率之差不断减少，直到这个差值为零时锁定，实现频率跟踪。

当锁相环锁定时，压控振荡器能使其输出信号频率跟踪输入信号频率变化，锁定范围以f_{LR}表示，锁相环能捕捉的输入信号频率称为捕捉范围，以f_{CR}表示。

低通滤波器的时间参数决定了跟随输入信号的速度，同时也限制了锁相环的捕捉范围。

本节提出基于锁相环的自适应频率跟踪控制电路，该电路的作用就是实现实时获取逆变驱动电路电流相位和压电变压器谐振支路电流的相位，并控制驱动频率始终能保持上述两电流相位差为一定值，以使电路在工作环境变化的情况下，能保持软开关的操作并获得尽可能大的升压比和较高的效率。

1. 采样电路

当压电变压器应用整流电路给出直流输出时，电路没有可以直接测量谐振支路电流的理想物理测试端，只能通过间接测试方法来获得谐振电流的相位，前文提到的在压电变压器的地端与电路的地端之间串接电阻，通过测量电阻的分压值来得到谐振电流值的方法，显然不适合现在的应用场合。这是因为谐振电流本身很小，特别是在充电的初期，若选择的测试电阻太大，则测试电阻会影响谐振支路的工作点，当测试电阻选择小于支路等效电阻一个数量级时，测量值太小，为了获取其准确的相位值需要加额外的信号放大电路，且测量值在整个工作周期内变化较大，这将大幅增加信号处理电路的复杂性。

在前面分析倍压整流电路工作过程的波形时，可以看出流经两个高频整流二极管的电流均可视为谐振电流的采样值，完全能反映谐振电流的相位值，特别对于流经二极管D_3的电流，其反向后上升沿刚好与谐振电流的正弦零起始位置相重合，所以本书采用通过测量

二极管 D_3 电流的方法来获取谐振支路电流的相位信息。此外,该方法的测量结果不受导通角变化的影响,测量值的大小适合后期处理且基本保持不变,这将大大简化采样电路的复杂程度。

对于逆变电路中谐振电流相位的获取,由式(6.11)和式(6.12)可得,谐振电流与压电变压器的输入电压交流量之间差 $\pi/2$ 相位。所以可以通过测量压电变压器的输入电压交流量相位来替代逆变驱动电路中的谐振电流相位。记 $u_{S_1(ac)}$ 与 i_r 之间的相位差为 β,由式(6.6)可得

$$\beta = \frac{\pi}{2} - \arctan \frac{1-\cos(2\pi D)}{\sin(2\pi D)} \tag{6.7}$$

图 5.22 显示,变压器输入电压的最大幅值在整个充电过程中基本保持不变,所以可以通过设置比较电路的参考电压值实现 β 角的相位补偿。

综上分析,可以得到如图 6.3 所示的采样电路实现方案。图中的隔直电容 C_g 选取要远大于压电变压器的输入电容,这里取 $0.22\ \mu F$,占空比取 0.2 时,可得 β 为 $53°$,将逆变驱动电路参数代入式(6.11)和式(6.12),本书确定当参考电平 U_{ref2} 取 $3.6\ V$ 时,采样电路 R_{C_1}、R_{C_2} 均取 $10\ M\Omega$,参考电平 U_{ref1} 取 $0.3\ V$。

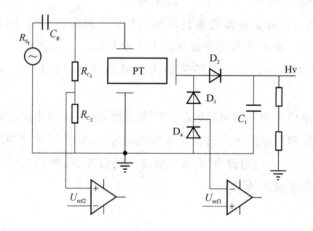

图 6.3 采样电路实现方案示意图

2. 频率跟踪控制

在上节给出的采样电路基础上,可以得到基于自适应频率跟踪控制的高压变换器实现原理图(如图 6.4 所示)。

系统工作过程为,首先由专用集成电路输出一个启动频率信号给开关 S_1,变换器开始工作,采样电路对谐振支路电流以及变压器输入交流电压进行采样比较,并最终输出两个方波信号送入锁相环的相位比较器,锁相环的压控振荡器根据相位比较器的相位比较差,调整输出一频率信号,系统地比较和驱动电路采集输出电压信息连同锁相环输出的频率信号,控制输出一个频率与锁相环输出一致、占空比基本恒定的方波信号,驱动开关 S_1 的动

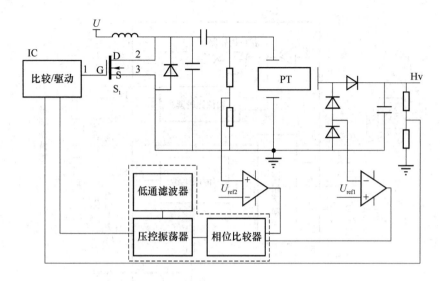

图 6.4 频率跟踪系统实现原理图

作,最终稳定输出电压在预设范围内。

6.2 自适应频率跟踪控制系统设计

集成锁相环 CD4046 是通用的 CMOS 锁相环集成电路,其特点是电源电压范围宽、输入阻抗高、动态功耗小,能满足本电路的设计要求。本节根据上节选定的方案,进行以锁相环 CD4046 为核心元件的自适应频率跟踪电路设计。

6.2.1 控制系统电路设计

本设计中控制系统硬件电路主要包括信号采样电路和锁相环电路,前文已对采样电路做了详细分析,所以本节将重点分析设计锁相环 CD4046 相关硬件电路。

图 6.5 所示是锁相环 CD4046 内部结构图,主要由相位比较器 1 和相位比较器 2、压控振荡器、源跟随器等部分组成。相位比较器 1 要求两比较信号的占空比均为 0.5,而相位比较器 2 是一个由信号的上升沿控制的数字存储网络。相位比较器 2 对输入信号的占空比要求不高,允许输入非对称波形,具有很宽的捕捉频率范围,而且不会锁定在输入信号的谐振,适合本书的信号特征。因此本书采用相位比较器 2 来完成对采样信号的鉴相。

对于由 CD4046 构成的锁相环路,环路参数的计算主要是确定与压控振荡器输出频率有关的参数值 R_1、R_2 和 C_1(如图 6.5 所示)以及低通滤波器(如图 6.8 所示)的参数值 R_3、R_4 和 C_2。锁相环的捕获区间设置为压电变压器工作的最低频率和最高频率之间。记操作的中心频率为 f_0,那么 $f_{min}=f_0-\Delta f_L$,$f_{max}=f_0+\Delta f_L$。这里取 $f_0=79 \text{ kHz}$,$\Delta f_L=2 \text{ kHz}$。

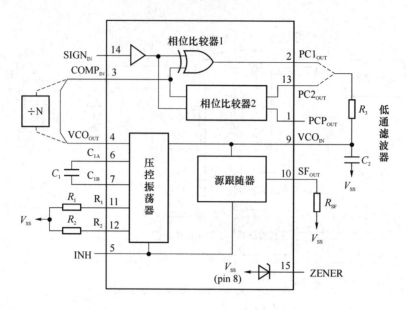

图 6.5 锁相环 CD4046 内部结构

又因为外部参数一般取值范围需满足 $R_1,R_2>10\ \text{k}\Omega$、$C_1\geqslant 50\ \text{pF}$,所以依据锁相环数据手册给出的取值图(图 6.6 和图 6.7)可得与输出频率有关的参数值分别为:R_2 取 $100\ \text{k}\Omega$,R_1 取 $10\ \text{k}\Omega$,C_1 取 $0.1\ \text{nF}$。

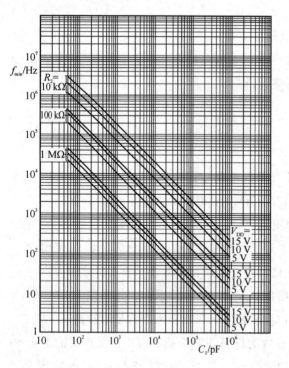

图 6.6 R_1 不同取值下的最小频率与 C_1

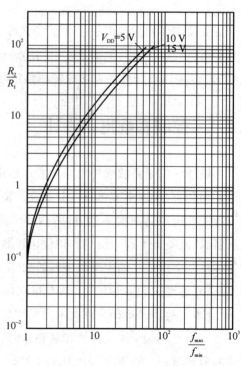

图 6.7 R_2/R_1 与 f_{max}/f_{min} 取值对照图

锁相环中低通滤波器的作用是滤除相位比较器输出的反映相位差电压值的高频成分,得到一个直流控制电压信号加至压控振荡器的输入端。其电路如图 6.8 所示,其参数的设计要满足使锁相环的输出频率值在锁定或捕获频率范围内。为此应该满足如下传递函数:

$$\frac{v_9(s)}{v_{13}(s)} = \frac{1+s\tau_1}{1+s\tau_2} \tag{6.8}$$

其中:

$$\tau_1 = R_4 C_2, \tau_2 = (R_4 + R_3) C_2$$

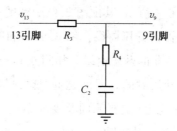

图 6.8 低通滤波器电路图

低通滤波器的截止频率设置在系统的最高工作频率处。

$$f_c = f_{max} = \frac{1}{2\pi\tau_2} \tag{6.9}$$

通常 R_4 的阻值选为 R_3 的 10%～30%,本书选择低通滤波器的参数分别为:C_2 取 10 nF,R_3 取 200 Ω,R_4 取 20 Ω。

6.2.2 高压变换器的控制模式

图 6.3 所示为基于自适应频率跟踪控制的压电高压变换器,其控制系统需两个闭环控制回路。因为选择的自适应频率跟踪环路只能保证压电变压器的工作效率,不能稳定变换器的输出电压,因此设置另一闭环控制回路来稳定电压输出必不可少,并且后一控制回路不能影响频率跟踪回路的工作。为此在稳定输出控制回路设计中,借鉴量子控制模式稳定电压的工作原理,当输出电压达到预设值的上限时,切断输入开关信号,当输出电压下降到预设值的下限时,启动输入开关信号。该控制原理可以在稳定输出电压的同时,不影响频率跟踪环路的频率值。

6.3 实验与测量结果

为了验证方案的可行性,研制了一台实验样机,主电路的参数与量子控制模式的样机一致,采样电路和锁相环的控制电路参数见上文,实现控制功能的专用集成电路采用可编程逻辑器件,根据电子安全系统的设计原则,系统的启动信号需由可编程逻辑器件给出,系统不能具有自激功能。所以这里设置样机在充电开始前 10 ms 采用固定频率,以后工作于自适应频率跟踪模式。该模式下的方波信号采用固定导通时间取 $T_{on}=2.5\ \mu s$ 输出。

由文献[91,101]给出的压电变压器的温度特性可知,变压器在 0 ℃ 到高温 60 ℃ 之间,其频率特性变化很小;在 0 ℃ 以下,频率特性变化较大。按照电子安全系统一般情况下的环境温度工作要求,本书则通过低温 −20 ℃ 与低温 −40 ℃ 条件下的两种控制模式的升压曲线对比,来验证自适应频率跟踪控制系统方案的有效性。

实验结果的主要波形如图 6.9 所示,其中图 6.9(a)和图 6.9(b)为低温 −20 ℃ 时,量子控制模式和频率跟踪模式变换器的升压曲线。图 6.9(c)和图 6.9(d)为低温 −40 ℃ 时,量子控制模式和频率跟踪模式变换器的升压曲线。如图 6.9(a)和图 6.9(c)显示,温度降低会增加量子型控制模式的变换器升压时间。温度越低,增加的时间越长,−40 ℃ 环境下充电曲线显示,系统已不能实现恒流充电,主要原因是变压器的低温频率特性破坏了原有恒流充电的条件,同时也影响了变换器的传输功率。图 6.9(b)和图 6.9(d)显示,利用频率跟踪模式可以克服量子控制模式的缺点,在低温环境下输出性能基本一致,实验结果验证了自适应频率跟踪控制方案的有效性。

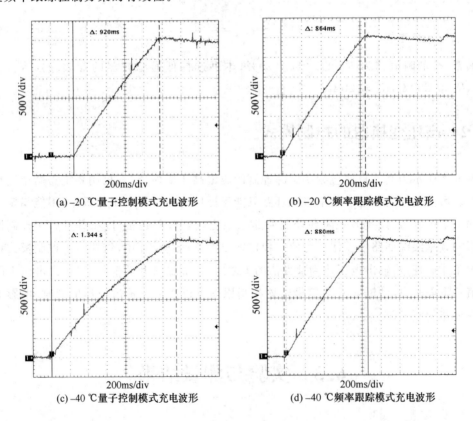

图 6.9　低温环境充电实验波形

6.4 高阶锁相环的设计

6.4.1 锁相环基础

锁相环(PLL)一般是由鉴相器(PD)、环路滤波器(LF)和压控振荡器(VCO)组成的,其数学模型如图 6.10 所示。

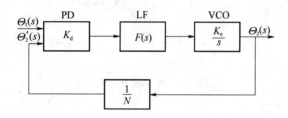

图 6.10 PLL 的数学模型

通过 PLL 的数学模型,得到传递函数 $H(s)$ 为

$$H(s) = \frac{\Theta_2'(s)}{\Theta_1(s)} = \frac{K_0 K_d F(s)/N}{s + K_0 K_d F(s)/N}$$

误差传递函数

$$H_e(s) = \frac{\Theta_e(s)}{\Theta_1(s)} = \frac{s}{s + K_0 K_d F(s)/N}$$

式中:ω_0 为 VCO 的中心角频率;K_0 为 VCO 增益;K_d 为鉴别器增益。

对于锁定的环路,当输入的频率和相位在线性范围内发生某种变化时,环路将使振荡器的频率和相位跟踪输入信号的变化。假如输入信号的频率和相位变化是有规律的,那么在输入变化时,环路将有一瞬态响应过程,在瞬态响应过程结束之后,环路会存在一个稳态跟踪相差(也可能为零)。这个稳态跟踪相差是时间趋于无穷大、系统进入稳定状态后的静态误差,通常用 $\theta_e(\infty)$ 表示,直接使用拉普拉斯变换终值定理即可求得,其表达式为

$$\theta_e(\infty) = \lim_{t \to \infty} \theta_e(t) = \lim_{s \to 0} s \cdot \Theta_e(s) = \lim_{s \to 0} s \cdot H_e(s) \cdot \Theta_1(s)$$

1. 输入频率阶跃(相位斜升)

输入信号产生频率阶跃的原因很多,例如,收发信号之间有一实际频差或者有一多普勒频移等。这时输入相位为相位斜升 $\theta_1(t) = \Delta\omega \cdot t$,其中 $\Delta\omega$ 为频率阶跃量,如图 6.11 所示。

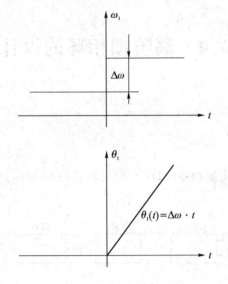

图 6.11 输入频率阶跃信号

其拉普拉斯变换式为

$$\Theta_1(s) = \frac{\Delta\omega}{s^2}$$

其稳态相差为

$$\theta_e(\infty) = \lim_{s \to 0} s \cdot H_e(s) \cdot \Theta_1(s) = \lim_{s \to 0} s \cdot \frac{s}{s + K_0 K_d F(s)/N} \cdot \frac{\Delta\omega}{s^2}$$

对于采用无源比例积分滤波器的二阶环,$F(s) = \dfrac{1+s\tau_2}{1+s(\tau_1+\tau_2)}$,其跟踪频率阶跃信号时存在稳态跟踪误差 $\dfrac{\Delta\omega}{K_0 K_d} N$;对于采用理想比例积分滤波器的三阶环,$F(s) = \dfrac{1+s(\tau_2+\tau_3)}{s\tau_1(1+s\tau_3)}$,其跟踪频率阶跃信号时稳态跟踪误差为 0。

2. 输入频率斜升

收、发信机之间的加速运动会使输入信号频率以速率 $R(\text{rad}/s^2)$ 随时间作线性变化,输入相位则以加速度随时间变化,$\theta_1(t) = \dfrac{Rt^2}{2}$,如图 6.12 所示。

其拉普拉斯变换式为

$$\Theta_1(s) = \frac{R}{s^3}$$

其稳态相差为

$$\theta_e(\infty) = \lim_{s \to 0} s \cdot H_e(s) \cdot \Theta_1(s) = \lim_{s \to 0} s \cdot \frac{s}{s + K_0 K_d F(s)/N} \cdot \frac{R}{s^3} \qquad (6.10)$$

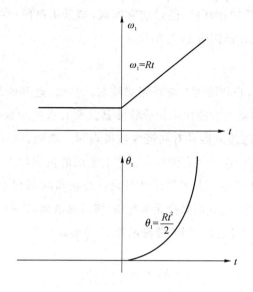

图 6.12 输入频率斜升信号

对于采用无源比例积分滤波器的二阶环,$F(s)=\dfrac{1+s\tau_2}{1+s(\tau_1+\tau_2)}$,其跟踪频率斜升信号时稳态跟踪误差 $\theta_e(\infty)\to\infty$,即趋于无穷大;对于采用理想比例积分滤波器的三阶环,$F(s)=\dfrac{1+s(\tau_2+\tau_3)}{s\tau_1(1+s\tau_3)}$,其跟踪频率斜升信号时稳态跟踪误差为 $\dfrac{R}{(K_0K_d)/(\tau_1N)}$;如果采用二级理想比例积分滤波器构成三阶环路,则 $F(s)=\left(\dfrac{1+\tau_2 s}{\tau_1 s}\right)\cdot\left(\dfrac{1+\tau_2 s}{\tau_1 s}\right)$,代入式(6.10)可得 $\theta_e(\infty)=0$。

由以上分析可知,对于同一种锁相环路来说,输入信号变化得越快,跟踪性能就越差。而同一信号加入不同的锁相环路,其稳态相差是不同的。对于频率阶跃信号,采用无源比例积分滤波器的二阶环将有固定的稳态相差,而三阶环则能无误差地跟踪。对于频率斜升信号,二阶环已无法跟踪,三阶环跟踪时有固定的稳态相差 $\dfrac{R}{(K_0K_d)/(\tau_1N)}$,理想三阶环更可以做到无误差跟踪。在旋转接收机中,既要跟踪相位阶跃,又要跟踪频率阶跃和频率斜升,所以可以采用三阶环,这样会提高系统精度。

频率估计可通过传统的锁相环得到,低阶锁相环环路动态性能和抗干扰性能对环路带宽的不同要求,使得它不适合旋转环境的要求。而采用高阶锁相环,例如三阶环可大大减小由频率阶跃和频率斜升引起的相位误差,具有比低阶环好得多的多普勒频移跟踪性能。高阶环可在动态性能和抗干扰性能两方面求得平衡,从而适应旋转环境对多普勒频率跟踪的需要。

6.4.2 高阶锁相环

为提高频率跟踪效果,应采用高阶锁相环,但高阶锁相环的设计较复杂。本书分别设计了三阶锁相环路和四阶锁相环路,通过仿真实验,拟采用高阶(四阶)锁相环路作为跟踪环路。下面介绍三阶 PLL 和四阶 PLL 的设计。

1. 三阶 PLL 设计

为了得到三阶 PLL,必须使用二阶环路滤波器。当然,这样的滤波器可以采用无源超前-滞后、有源超前-滞后或者有源比例积分滤波器。所有这些滤波器都会有两个极点。一般实践中构建的二阶环路滤波器具有共轭复数极点对。电阻、电容实现的无源超前-滞后滤波器不能实现复数极点,而是所有的极点位于 s 平面的负实轴上。为了使这类滤波器具有复数极点,必须使用电感器。大多数设计者设计滤波器时都回避使用电感,而使用有源 RC 滤波器,出于这样的原因,我们撇开无源超前-滞后滤波器,使用有源滤波器。

二阶有源超前-滞后环路滤波器的传输函数 $F(s)$ 形式如下:

$$F(s) = K_a \cdot \frac{1+s(\tau_2+\tau_3)}{(1+s\tau_1)(1+s\tau_3)}$$

其中,$\tau_1 = R_1C_1$,$\tau_2 = R_2C_2$,$K_a = C_1/C_2$。更一般的 $F(s)$ 表达式为

$$F(s) = K_a \cdot \frac{1+sT_2}{(1+sT_1)(1+sT_3)} \tag{6.11}$$

不难看出,$T_1 = \tau_1$,$T_2 = \tau_2 + \tau_3$,$T_3 = \tau_3$。

设计二阶环路滤波器,关键是安排极点和零点的位置,设计步骤如下:

① 确定 ω_{3dB} 带宽。

通常设计者知道 PLL 需要的带宽,因此从选择 ω_{3dB} 开始比较合理。缺省值可以取: $\omega_{3dB} = 0.05\omega_0'$,其中 ω_0' 是 PLL 的中心频率(弧度)。本设计选取:$f_0 = 200\,\text{Hz}$,所以

$$\omega_{3dB} = 0.05\omega_0' = 0.05 \times 2\pi f_0$$
$$= 0.05 \times 2\pi \times 200 = 62.8\,\text{rad}$$

② 计算截止频率 ω_T。

通过稳定度分析,选取 $\omega_T = \omega_{3dB}/1.33$,所以

$$\omega_T = 62.8/1.33 = 47.22\,\text{rad}$$

③ 选择转折点频率 ω_2、ω_3。

为了获得足够的相位裕度,建议:

$$\omega_2 = \omega_T/\sqrt{10}$$
$$= 47.22/\sqrt{10} = 14.94$$
$$\omega_3 = \omega_T\sqrt{10} = 149.26$$

④ 选择转折点频率 ω_1 和 K_a。

建议设置：

$$\omega_1 = \omega_2/10 = 14.94/10 = 1.49$$

这样，在整个的十倍频中开环增益以 -40 dB/dec 滚降。选择 K_a，使得 ω_T 时开环增益恰好是1，其表达式为

$$K_a = \frac{10N\omega_T}{K_0 K_d}$$

取 $N=1$，$K_0=10$，$K_d=1/2$，则

$$K_a = \frac{10N\omega_T}{K_0 K_d} = 94.4$$

⑤ 计算时间常数 T。

$$T_1 = 1/\omega_1 = 1/1.49 = 0.67$$
$$T_2 = 1/\omega_2 = 0.067$$
$$T_3 = 1/\omega_3 = 0.006\ 7$$

代入式(6.11)，得

$$F(s) = K_a \cdot \frac{1+sT_2}{(1+sT_1)(1+sT_3)} = \frac{94.40+6.32s}{1.0+0.676\ 7s+0.004\ 5s^2}$$

2. 四阶 PLL 设计

为了得到四阶 PLL，必须使用三阶环路滤波器。当然，这样的滤波器可以采用无源超前-滞后、有源超前-滞后或者有源比例积分滤波器。所有这些滤波器都会有3个极点。一般实践中构建的三阶滤波器具有共轭复数极点对。这里只讨论有源滤波器。

可以利用许多方法实现三阶环路滤波器。一个三阶超前-滞后环路滤波器的实现方案如图6.13所示。

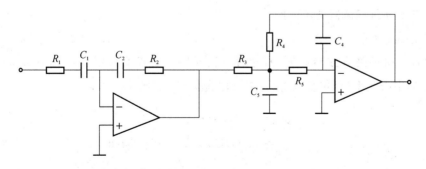

图 6.13　三阶超前-滞后环路滤波器的实现

图中滤波器由两部分组成。第一部分是一阶超前-滞后滤波器；第二部分是二阶低通滤波器。可以利用两个实极点或共轭复数极点对实现。当第二个滤波器的极点是实数时，

可把滤波器的传输函数 $F(s)$ 写成如下形式：

$$F(s)=K_a \cdot \frac{1+s\tau_2}{1+s\tau_1} \cdot \frac{1}{(1+s\tau_3)(1+s\tau_4)}$$

其中，$\tau_1=R_1C_1$，$\tau_2=R_2C_2$，$K_a=C_1/C_2$。当滤波器第二部分形成复数极点对时，实际中一般采用不同的表达式表示 $F(s)$：

$$F(s)=K_a \cdot \frac{1+s\tau_2}{1+s\tau_1} \cdot \frac{1}{1+\frac{2s\zeta_s}{\omega_s}+\frac{s^2}{\omega_s^2}} \tag{6.12}$$

在第二种情况中，ω_s 是自然频率，ξ_s 是二阶频率响应的阻尼因子。四阶 PLL 的开环传输函数 $G(s)$ 可以有两种表达方式，其一用于实数极点，其二用于复数极点。对于实数极点，$G(s)$ 写成

$$G(s)=\frac{K_0 K_d K_a}{N \cdot s} \cdot \frac{1+s\tau_2}{1+s\tau_1} \cdot \frac{1}{(1+s\tau_3)(1+s\tau_4)}$$

式中：K_0 为 VCO 增益；K_d 为鉴相器增益。

对于复数极点，$G(s)$ 为

$$G(s)=\frac{K_0 K_d K_a}{N \cdot s} \cdot \frac{1+s\tau_2}{1+s\tau_1} \cdot \frac{1}{1+\frac{2s\zeta_s}{\omega_s}+\frac{s^2}{\omega_s^2}}$$

幅度曲线如图 6.14 所示。第一个滤波器部分具有一个极点 $s=-\omega_1$ 和一个零点 $s=-\omega_2$，所以幅度渐近线在 ω_1、ω_2 提供了转折点。假设第二个滤波器部分的极点是实数，位于 $s=-\omega_3$ 和 $s=-\omega_4$，那么该滤波器部分在 ω_3 和 ω_4 产生了两个转折点。在 ω_3 和 ω_4，幅度曲线的斜率增加 -20 dB/dec；然而，当第二个滤波器部分的极点是复数时，仅在 ω_s 有一个附加转折点，在这个点，斜率增加 -40 dB/dec。

设计三阶环路滤波器的步骤如下。

① 确定 ω_{3dB} 带宽。

与设计二阶环路滤波器相同，从选择 ω_{3dB} 开始。缺省值可以取：$\omega_{3dB}=0.05\omega_0'$，其中 ω_0' 是 PLL 的中心频率（单位是弧度）。本设计选取：$f_0=200$ Hz，所以

$$\omega_{3dB}=0.05\omega_0'=0.05\times 2\pi f_0$$
$$=0.05\times 2\pi\times 200=62.8 \text{ rad}$$

② 计算截止频率 ω_T。

与二阶滤波器设计类似，选取：

$$\omega_T=\omega_{3dB}/1.33=62.8/1.33=47.22 \text{ rad}$$

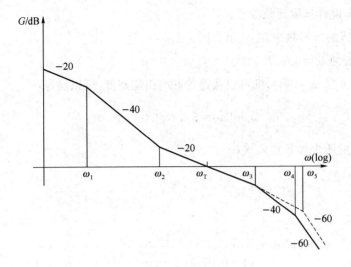

图 6.14　幅度曲线(虚线为复数极点)

③ 选择转折点频率 ω_2。

为了获得足够的相位裕度,建议:

$$\omega_2 = \omega_T/\sqrt{10}$$
$$= 47.22/\sqrt{10} = 14.94$$

④ 选择转折点频率 ω_1、K_a。

建议设置:

$$\omega_1 = \omega_2/10 = 14.94/10 = 1.49$$

这样,在整个的十倍频中开环增益以 $-40\ \text{dB/dec}$ 滚降。选择 K_a,使得 ω_T 时开环增益恰好是 1,其表达式为

$$K_a = \frac{10N\omega_T}{K_0 K_d}$$

取 $N=1, K_0=10, K_d=2/\pi$,则

$$K_a = \frac{10N\omega_T}{K_0 K_d} = 74.10$$

⑤ 计算时间常数 τ_1, τ_2。

利用 $\tau_1 = 1/\omega_1, \tau_2 = 1/\omega_2$ 确定。

$$\tau_1 = 1/\omega_1 = 1/1.49 = 0.67$$
$$\tau_2 = 1/\omega_2 = 1/14.94 = 0.07$$

确定滤波器第一部分的参数,接着计算滤波器第二部分的参数。其过程取决于滤波器

极点的类型。本设计选取复数极点。

⑥ 选择合适的自然频率 ω_s 和阻尼因子 ζ_s。

ζ_s 的最优值为 $\zeta_s=0.707$。

经验表明,如果 $\omega_s=5\omega_T$,则可以获得足够的相位裕度,所以设定:

$$\omega_s=5\omega_T=5\times 47.21=236.05$$

至此,将上述所求参数代入式(6.12),得到

$$F(s)=74.10\times\frac{1+s\tau_2}{1+s\tau_1}\cdot\frac{1}{1+\frac{2s\times 0.07}{\omega_s}+\frac{s^2}{\omega_s^2}}$$

$$=74.10\times\frac{1+0.07s}{(1+0.67s)\left(1+\frac{2s\times 0.07s}{236.05}+\frac{s^2}{236.05^2}\right)}$$

$$=\frac{741.0+51.87s}{10.0+6.76s+0.04s^2+0.0001s^3}$$

以上设计的锁相环可用于系统中,以提高系统的可靠性。

6.5 本章小结

本章针对环境变化引起压电变压器充电时间变长的缺点,提出采用自适应频率跟踪模式控制变换器电路对高压电容充电。进行了谐振支路电流滞后角计算的理论依据推导,提出了基于锁相环的控制实现方案,并详细给出了采样电路的设计和基于锁相环CD4046的控制系统电路设计。最后通过低温环境下的实测波形验证方案的可行性。

第7章 压电变换器型汽车安全气囊点火的驱动设计

前面已经提到,汽车安全气囊点火系统的关键是点火系统的精准实现,其核心是采用高性能高压变换技术,高效地获取点火的发火能量。压电陶瓷高压变压器是安全气囊点火系统功率变换的核心,如何实现其高效驱动十分重要。本章将就这一问题进行研究分析并最终结合 DDS 技术给出一种用于驱动 Rosen 型压电变换器的可调频 SPWM 发生器的设计。考虑汽车安全气囊的空间限制,设计驱动器的目标工作芯片是 FPGA/CPLD。本章最后将在 Altera 公司的 FPGA 专业设计软件 Quartus Ⅱ 上对设计进行仿真验证。

如前所述,压电陶瓷变压器的负载是一个高压储能电容。在充电过程中,电容是阻抗变化范围很宽的负载,充电开始负载接近短路,随着电容电压逐渐升高,阻抗也相应地变化。研究表明,在对高压储能电容的充电过程中,负载变化对压电陶瓷变压器谐振的频率影响可以忽略。

在输入方面,Rosen 型压电陶瓷变压器并不是对任何频率的输入电压都有变压作用。只有在频率取一定值时,压电变压器电压增益最大。图 7.1 显示了 Rosen 型压电陶瓷变压器的频率特性曲线。

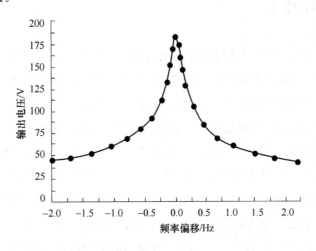

图 7.1 Rosen 型压电陶瓷变压器的频率特性曲线

从图 7.1 中可以看出,Rosen 型压电陶瓷压电变压器对于不同频率的输入会有差异很大的输出,频率特性曲线存在一个峰值,此频率下的输出最大,可以称为最佳工作频率,而在峰值附近区域曲线十分陡峭,离峰值越远曲线越是平滑。我们需要使压电变压器的电压输出最大,也就得使输入电压频率在最佳频率附近。通常情况下,压电陶瓷的最佳工作频率就是其自身谐振的固有频率。压电陶瓷的固有频率由多种因素决定,与压电陶瓷变压器的自身因素有关,同时也与其工作环境有关,变化很大,因此压电陶瓷变压器的最佳驱动频率是一个动态量,客观上要求其驱动器能够给出较宽的驱动信号。这是一般的晶振之类的简单频率发生源无法达到的,所以我们这里采用先进的第三代频率合成技术——DDS 技术产生可调频的驱动信号。

由于是为汽车安全气囊长期使用,所以需要考虑到压电陶瓷变压器的寿命问题,即压电陶瓷的疲劳特性。对于驱动电压的波形,正弦型与脉冲型对压电陶瓷的疲劳损伤大小并没有确定的结论,有的研究发现正弦型波形造成的损伤更小,而有的研究发现脉冲型波形造成的损伤更大。所以这里我们将设计一种 SPWM 波形的脉冲发生器。一方面它可以用来产生脉冲电压,另一方面可以设计电路并在驱动信号的控制下产生正弦型电压。

综合来讲,为更好地驱动用于汽车安全气囊的压电陶瓷变压器,我们将结合 DDS 技术设计一种可调频的 SPWM 脉冲信号发生器。

7.1 驱动安全气囊点火的可调频 SPWM 脉冲信号发生器的设计

首先简单介绍一下这里使用的主要相关技术。

7.1.1 SPWM 技术

SPWM 法是一种目前广泛使用的比较成熟的 PWM 法。采样控制理论有这样一个结论:冲量相等而形状不同的窄脉冲加在具有惯性的环节上时,其效果基本相同。依据这一结论,当采用正弦规律调节脉冲宽度,使得和正弦波等效时,便是 SPWM 法。产生 SPWM 信号的方法有很多,比较常用的是自然采样法,除此之外还有谐波消去法、等面积法等,我们这里采用自然采样法。自然采样法用一组等腰三角形波与一个正弦型载波相比较,并将两个波形的交点作为开关的开关时刻。自然采样法可以准确求出 SPWM 波形的脉冲宽度以及脉冲的间隙时间。根据所用调制三角波的不同,自然采样法分为单极型三角波调制法和双极型三角波调制法。这里我们采用单极型三角波调制法,如图 7.2 所示。

图 7.2 中,u_c 为正弦型载波,u_r 为等腰三角波,两相比较得到 SPWM 波形 u_o,其主频与正弦载波频率一致,为 u_{of}。自然采样法有两个关键参数,分别是纵轴方向上的调制系数,即载波幅度与三角波幅度之比 m 与横轴方向上的三角波密度,即每个载波周期中三角波形的个数 n。由不同的 m 与 n 组合可以得到不同的 SPWM 波形。

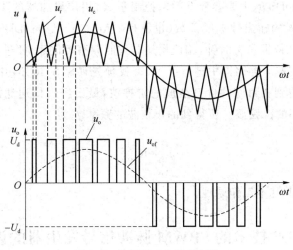

图 7.2　单极型三角波调制法

7.1.2　DDS 技术

1. DDS 技术的发展

DDS(Direct Digital Synthesizer)即直接数字频率合成器,顾名思义,属于一种频率合成器,用于合成频率,即通过对一个或多个参考频率信号的转换得到目标频率信号,是如今广泛使用的一种频率合成技术。DDS 是第三代频率合成技术,在此之前有分别以直接频率合成(Direct Frequency Synthesizers,DFS)和锁相环(PLL)为代表的两代技术。DDS 技术克服了与 DFS 和 PLL 技术有关的几乎所有问题,能够精确地设定输出频率,具有更高的稳定度,相位噪声低,而且变频相位连续,可以实现理想的正交输出。最早的 DDS 是由 Tierney 在 20 世纪 70 年代早期设计实现的。早期的 DDS 芯片存在工作频率较低、输出信号中的寄生分量较大等缺陷,未得到大量应用。但是随着科技进步,特别是集成电路制造技术的突飞猛进,DDS 技术不断进步,其性能不断提升,前述问题逐渐得到不同程度的解决,逐渐成为当前主要的频率合成技术,广泛应用于广播、电视及移动通信系统等领域。

2. DDS 的基本工作原理

DDS 的原理框图如图 7.3 所示。它包括频率控制字、相位累加器、相位寄存器、正弦查询表、数模转换器(DAC)、低通滤波器(LPF)及时钟信号等部分。

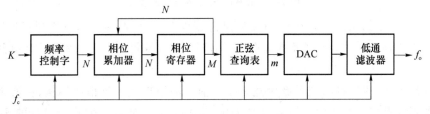

图 7.3　DDS 的基本工作原理

如图 7.3 所示，DDS 的主要参数有频率控制字 K、相位累加器的步长 N、ROM 的输入地址线位数 M、ROM 的输出数据线位数（也就是 DAC 的位数）m、DDS 系统的参考时钟源 f_c 以及输出频率 f_o。依据参考时钟，相位累加器按照频率控制字 M 进行线性叠加，接着依据所得到的相位值在波形存储器中进行寻址，查找预先存储在 ROM 中相应的幅度码并输出，之后经过 DAC 得到相对应的含有杂波的阶梯波，最后经过低通滤波器滤除杂波，从而得到平滑的所需频率的正弦波。所得到的正弦波的频率 f_o 为

$$f_0 = K \frac{f_c}{2^N}$$

以上便是 DDS 的基本工作原理。

7.1.3 结合 DDS 技术的 SPWM 脉冲信号发生器的设计

结合 DDS 来产生 SPWM 信号的方案有文献进行过研究，但是这些方案普遍采用了比较复杂的框架，如图 7.4 所示。

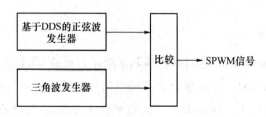

图 7.4 SPWM 发生器的框架图

图 7.4 中，DDS 与三角波发生器分别产生完整的正弦信号与三角波信号，之后进行比较得到 SPWM 开关信号。在此种框架中，DDS 与三角载波发生器为独立单元，增大了灵活性，但也增加了复杂性，降低了可靠性与运行速度。这里考虑到是为压电陶瓷变压器专门设计可调频的 SPWM 信号发生器，我们采用不同的、相对简洁的结构，如图 7.5 所示。

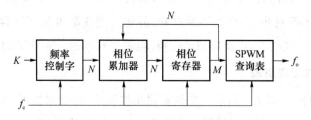

图 7.5 SPWM 发生器的组成结构

这里将 DDS 结构中的正弦查询表替换为 SPWM 信号查询表即可实现可调频率 SPWM 信号发生器。其中，SPWM 查询表根据需要预先计算得出。下面我们开始介绍对这个信号发生器的设计。

为方便叙述，这里将原理重新阐述一下。前面的原理是一种框图结构，在实现上可以有很多种不同形式。由于我们将采用 VHDL 编码的形式，所以我们将所设计的 SPWM 发

生器的原理用另一种样式表示,如图 7.6 所示。

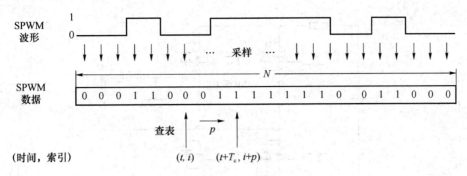

图 7.6 SPWM 信号发生器原理

本质上讲,这一 SPWM 发生器的核心是一个查表运算。考虑到 SPWM 波形的对称性,从 SPWM 波形的半个周期采样得到总数为 N 的 SPWM 数据构成查询表。于是产生 SPWM 信号只需要按照 p 的步进量及 T_c 的时间间隔对其进行索引取值,步进量 p 越小,查找尺度越小,得到的波形就会在相应的尺度上越逼近采样源波形,精度也就越高,输出的 SPWM 信号频率 $f_o = p \cdot f_c / N$,其中,$f_c = 1/T_c$。

信号发生器需要设置一些参数。在参数的取值上,我们需要满足一些条件。

第一,我们设计的驱动信号发生器需要尽量覆盖压电陶瓷变压器的工作频率。文献[130]中所使用的压电陶瓷变压器的最佳工作频率为 74～80 kHz,这里我们要求信号发生器的频率范围为 0～200 kHz。第二,驱动信号发生器需要具有一定的精度。参考 Rosen 型压电陶瓷变压器的频率特性,我们要求其具有 1 kHz 的频率精度。所以,根据 $f_o = p \cdot f_c / N$,频率范围要求 f_o 可以达到 $p \cdot f_c / N \geqslant 200$ kHz,精度上要求 $f_c / N \leqslant 1$ kHz,同时为保证输出的 SPWM 信号波形失真小,应使得 $N \gg p$。

接下来,我们对 SPWM 信号发生器的查找表数据进行设计。查找表中的数据是对 SPWM 波形的采样,对查找表数据的设计关键就是选取一个合适的 SPWM 波形采样源。

如前所述,我们设计的可调频 SPWM 信号发生器需要针对两种场合:一种是用来驱动电路产生脉冲型电压;另一种是用来驱动电路产生正弦型电压。

首先针对第一种情况,我们可以设计这样的电路,在 SPWM 脉冲信号的控制下,电路可以输出脉冲型电压,如图 7.7 所示。

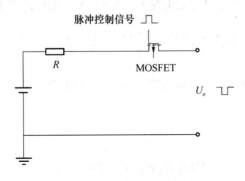

图 7.7 脉冲型电压驱动电路

针对第二种情况,可以设计这样的电路,如图 7.8 所示。

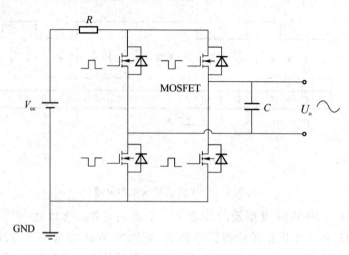

图 7.8　正弦型电压驱动电路

当电路参数满足一些条件时,电路便可输出正弦型电压波形。电路的每个双桥控制周期由正负两个部分组成,考虑其正半周期,将电路简化,如图 7.9 所示。

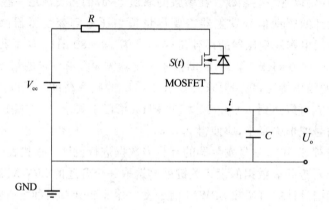

图 7.9　正半周期等效电路

图 7.9 中,$S(t)$ 为开关控制信号,$S(t) \in \{0,1\}$。取此正半周期开始时刻 $t=0$,正半周期区间 $[0, T_p]$,并设初始时刻电容两端电压 $U_o(0)=0$ V。由电路基本理论得

$$i(t) = C\frac{\mathrm{d}U_o(t)}{\mathrm{d}t} = \frac{(V_{cc} - U_o(t))s(t)}{R} = \frac{V_{cc}}{R}\left(1 - \frac{U_o(t)}{V_{cc}}\right)S(t) \tag{7.1}$$

定性分析,当 $|U_o(t)| \ll V_{cc}$ 时,可以将 $i(t)$ 视为仅由 $S(t)$ 决定。为更好地设计参数,这里进行论述。

由式(7.1)可得

$$U(t) = V_{cc}\left(1 - \mathrm{e}^{-\frac{1}{RC}\int_0^t S(\tau)\mathrm{d}\tau}\right) \tag{7.2}$$

取 $\alpha \in (0,1)$,我们要求

$$\frac{|U(t)|}{V_{cc}} < \alpha \tag{7.3}$$

由式(7.2)可将式(7.3)化为

$$e^{-\frac{1}{RC}\int_0^t S(\tau)d\tau} > 1-\alpha$$

即

$$RC > \frac{\int_0^t S(\tau)d\tau}{-\ln(1-\alpha)} \tag{7.4}$$

考虑到 $t \in [0, T_p], S(t) \in \{0,1\}$,有 $t \leqslant T_p, S(t) \leqslant 1$,于是,式(7.4)可以化为

$$RC > \frac{\int_0^{T_p} d\tau}{-\ln(1-\alpha)}$$

即

$$RC > \frac{T_p}{-\ln(1-\alpha)} \tag{7.5}$$

这样我们就求得了 $|U_o(t)| \ll V_{cc}$ 的等效约束条件。

而当 $|U_o(t)| \ll V_{cc}$,即当 $\frac{|U(t)|}{V_{cc}} < \alpha$ 且 $\alpha \sim o(1)$ 时,由式(7.2)可得

$$(1 - e^{-\frac{1}{RC}\int_0^t S(\tau)d\tau}) \sim o(1)$$

即

$$-\frac{1}{RC}\int_0^t S(\tau)d\tau \sim o(1)$$

根据泰勒公式,得到

$$e^{-\frac{1}{RC}\int_0^t S(\tau)d\tau} = 1 - \frac{1}{RC}\int_0^t S(\tau)d\tau + O\left(\left(\frac{T_p}{RC}\right)^2\right) \tag{7.6}$$

式(7.2)可以化为

$$U(t) = \frac{V_{cc}}{RC}\left\{\int_0^t S(\tau)d\tau + O\left(\frac{T_p^2}{RC}\right)\right\} \tag{7.7}$$

由于 $\alpha \sim o(1)$,结合式(7.5) 可以得到 $\frac{T_p^2}{RC} \sim o(T_p)$,又 $\int_0^t S(\tau)d\tau \sim O(T_p)$,所以

$$\frac{T_p^2}{RC} \sim o\left(\int_0^t S(\tau)d\tau\right) \tag{7.8}$$

这样，我们得到

$$U(t) \doteq \frac{V_{cc}}{RC} \int_0^t S(\tau) d\tau \tag{7.9}$$

接下来，我们就要对 $S(t)$ 进行设计，使得 $U(t)$ 成为正弦波形。一方面，由于这里 $S(t)$ 由单极性三角波调制法产生，其关键的两个参数为调制系数 m 与三角波密度 n，所以就需要对 m 和 n 进行选取。另一方面，我们要求 $U(t)$ 成为正弦波，就需要一个评价标准，这里对 $U(t)$ 进行频谱分析，将主频率成分在能量上的比重作为参考，进行 SPWM 波形的选取。即选取参数 m、n，使得 $U(t)$ 主频的能量比重最大。

一般而言，调制系数 m 的取值范围为 $(0,1]$，即 $0<m\leqslant 1$，而 n 为正整数。这里我们取 $m=1$。对于参数 n，由于单极性三角波调制法是采用周期性的"V"形三角波对正弦波进行采样，所以从趋势上分析，采样密度 n 越大，由采样得到 SPWM 信号可以产生的波形的主频能量比重越大，即越接近正弦波。

参数 n 的选取不仅要考虑 $S(t)$ 积分信号对正弦波的逼近精度，同时要考虑 $S(t)$ 自身的实现精度。由于 $S(t)$ 开关信号由 SPWM 信号发生器产生，其精度就由信号发生器中查询表的精度决定，即受限于查询表对 $S(t)$ 的采样密度。一方面，我们可以选取很大的 n，构造出具有精细结构的 $S(t)$，从而其积分信号可以十分逼近标准正弦波，但是查询表的采样密度不够，不能将精细结构提取出来，我们也得不到如 $S(t)$ 设计程度的 $U(t)$ 信号。另一方面，我们设计的 SPWM 信号发生器是对查询表在等间隔的周期信号驱动下进行索引取值得到的，于是查询表对 $S(t)$ 信号的采样也是等间隔的，这样采样位置的不同会造成采样结果的偏差，即参数 n 的不同导致采样密度变化，从而导致采样位置变化并造成采样结果的不同。所以，参数 n 的选取存在一个范围，而且并非越大越好，而是区间内的某个值。

综上分析，我们取三角载波的频率为 100 kHz，正弦波的频率为 10 kHz，调制系数 m 取为 1，这样调制系数 $n=100/10=10$，即正弦波一个周期内与三角载波的交点为 10 个，如图 7.10 和图 7.11 所示。

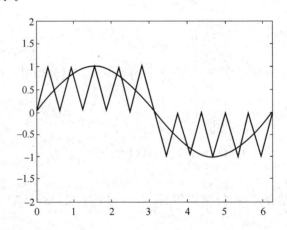

图 7.10　$m=1,n=10$ 时 SPWM 信号的单极性三角波调制法

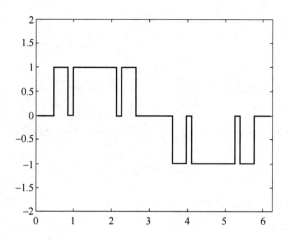

图 7.11 $m=1, n=10$ 时的 SPWM 信号

为了建立查询表,我们需要对这个 SPWM 信号的一个完整周期进行采样,采样数目为 $N=100\,000$。由图 7.11 可以看出,1 个周期的 SPWM 信号分为中点对称的前后两部分,可以由前半部分周期化后与相应倒相信号相乘得到。所以我们只需要对前半周期 50 000 个点建立查询表。而由于 SPWM 开关信号的值域为 $\{0, 1\}$,所以我们只需要计算出其中的边界点,即 0 到 1 的边界点与 1 到 0 的边界点。

对于 $m=1$, $n=10$ 时我们得到的 SPWM 信号,采用数学计算软件可以计算出这些点可以取为

$$7\,680, 13\,815, 15\,811, 34\,189, 36\,185, 42\,320$$

如此,便建立了 SPWM 发生器的查询表。接下来便可以采用 VHDL 进行代码实现。这里仅对代码进行简要的介绍。

```
library ieee;
use ieee.std_logic_1164.all;
entity spwm is
        port(
        a: in std_logic;
        clk: in std_logic;            - - clk = 100 MHz;
        q: out std_logic;
        s: out std_logic
        );
end entity spwm;
```

首先声明标准库并定义了一个名叫 spwm 的实体,该实体含有控制信号 a、时刻信号 clk,以及输出信号 q 与 s。这里采用的时钟信号的频率是 100 MHz。接下来便是程序的主体部分,即实体结构。

```
architecture spwm of spwm is
```

```
    …
    begin
      …
      p1:process(clk_s,a_s)
      …
        variable step:integer: = 99;          -- f = 100 kHz
        begin
          …
            if(count＜7680)then
              q_s＜ = '0';
              …
            elsif(count＜42320)then
              q_s＜ = '1';
            else
              q_s＜ = '0';
            end if;
            …
      end process p1;
end spwm;
```

程序设计了一个循环计数结构对查询表进行取样输出,由不同的步进值 step 可以得到不同频率的输出。程序中设置 step＝99 可以得到频率为 100 kHz 的输出。在步进取样的过程中,参照关键点对当前位置进行判断即可获得当前 SPWM 信号值。

7.2 用于安全气囊点火的可调频 SPWM 发生器的仿真

对于前面的用于安全气囊点火的可调频 SPWM 发生器的设计,在 QuartusⅡ软件平台上进行仿真,仿真结果如图 7.12 所示,这里给出了 100 kHz、90 kHz 和 99 kHz 三种不同频率的 SPWM 脉冲信号。

从图 7.12(a)～(c)的仿真图形可以看出本方案能够完成可调频的 SPWM 脉冲信号的产生。

结合前面的驱动电路设计,以正弦型电压驱动为例,我们设计的 SPWM 开关信号发生器将可用来控制双桥开关,驱动压电陶瓷变压器进行高压点火。其电路示意如图 7.13 所示。

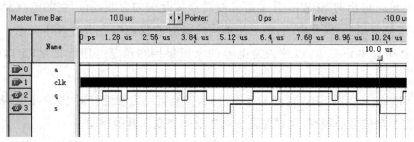

(a) 100 kHz SPWM 脉冲信号

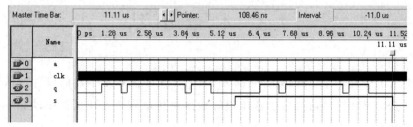

(b) 90 kHz SPWM 脉冲信号

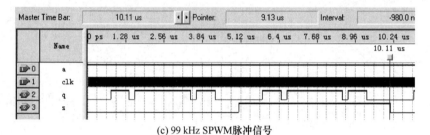

(c) 99 kHz SPWM 脉冲信号

图 7.12　仿真结果

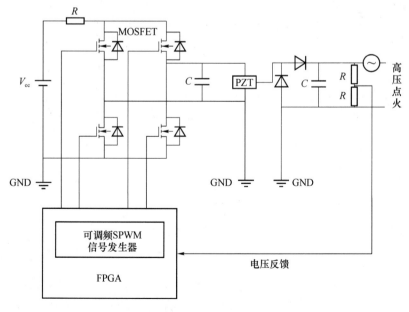

图 7.13　SPWM 开关信号发生器的应用

FPGA 单元输出的 SPWM 开关信号控制双桥开关的通断,所产生的电流经滤波后由 PZT(压电陶瓷变压器)提升电压,之后经单向二极管对储能电容进行高压充电。电压反馈信号用于启动与中止充电,以使储能电容的电压保持在预定电压值之上,足以进行高压点火。

由于 FPGA 产生的 SPWM 信号频率可调,于是可以方便地针对 PZT 压电陶瓷变压器的特性调整驱动信号的频率,很好地完成对压电陶瓷变压器的驱动。

7.3 本章小结

本章给出了一种基于 FPGA 的可调频 SPWM 脉冲信号发生器的设计。从仿真结果看,所设计的 SPWM 脉冲信号发生器能很好地解决压电陶瓷变压器的驱动频率差异化造成的驱动困难或效果不佳的问题。

第8章 汽车安全气囊点火控制算法研究

安全气囊的点火控制算法是整个安全气囊的核心技术,直接决定着安全气囊对乘员的保护效果。现有的安全气囊在控制算法上存在可靠性问题,需要进行研究与改进。安全气囊控制算法的运算由 ECU 部分完成。ECU 对加速度信号进行分析和点火判断并预测点火时刻,从而给出点火信号,如图 8.1 所示。

图 8.1　ECU 根据控制算法给出点火信号

8.1　传统汽车安全气囊点火控制算法

汽车安全气囊的点火控制算法包括两个方面:点火判断控制与最佳点火时刻的预测,即决定安全气囊在什么条件下点火和在什么时刻点火。评价一个安全气囊的控制算法就看这两个指标。由于装备安全气囊的汽车车型各异,而且汽车碰撞的形式也不一样,所以并没有统一的安全气囊控制算法,而且随着技术发展,不断有新的算法出现。比如,早期的机械式安全气囊大多采用速度变量法或加速度峰值法,而出现了电子式和集成式传感器之后,便陆续出现了许多其他的算法,如移动积分窗式速度变化量法、加速度坡度法等。这些算法各有优劣,下面就简单介绍一下这些算法。

首先介绍一下一些与汽车碰撞程度相关的基本参数:加速度信号 $a(t)$;加速度的绝对值,即 $|a(t)|$;速度变化量,即 $\Delta v = \int a(t)dt$;加速度绝对值的积分,即 $\int |a(t)|dt$;加速度的微分值,又称加速度坡度,即 $da(t)/dt$;加速度绝对值微分后的积分值,即 $\Delta v| = \int \left|\dfrac{da(t)}{dt}\right|dt$。

下面开始介绍几种现有的经典控制算法。

1. 加速度峰值法

顾名思义,加速度峰值法是实时判断当前加速度信号是否超过阈值,并据此判定是否发出气囊点火信号。加速度峰值法的原理很简单,它的缺点也很明显,就是容易受外界信号的干扰。这是因为汽车加速度变化很快,检测到的加速度信号与汽车的结构相关,并不能真实完整地反映当前汽车的加速度情况。一般而言,加速度峰值法只能对车速较高时发生的碰撞给出正确点火判断,然而在车速较低时则容易失效。所以,加速度峰值法一般应用于简单的机械式安全气囊控制系统,而在较为先进的电子传感器式安全气囊系统中则使用较少。

碰撞中的加速度信号曲线是对碰撞过程的一种实时反映,随碰撞形式、碰撞强度、汽车型号等不同,而其峰值大于阈值的时刻与最佳点火时刻没有固定关系,出现在之前或是之后、之前多少或是之后多少都没定数,所以加速度峰值法不能确定最佳点火时刻。

2. 速度变量法

本质上讲,速度变量法与加速度峰值法一样,同样依据加速度信号。与加速度峰值法不同的是,加速度变量法对加速度信号进行积分,这样就得到了速度变量。接着再据此判断其是否超过阈值,或者说是否需要进行点火。由于速度是加速度的积分,其曲线要比加速度曲线光滑,能够削弱加速度信号的毛刺现象所带来的误报影响,所以速度变量法比加速度峰值法具有更好的可靠性。速度变化量法使用的是积分量,所以确定积分的起始时刻就十分重要。一般情况下,将碰撞发生时刻作为积分起始时刻,也就是当检测有碰撞发生时,就开始积分。确定起始时刻后,速度变量法对在此之后一定时间内的加速度变量值进行积分得到速度变量,然后将积分结果与预先设定的阈值相比较,从而决定是否点火。

速度变量法使用的是车体加速度的时间累计量信息,是速度的瞬态信息,并没有对车体加速度进行预测。所以,速度变量法无法很好地完成最佳点火时刻的预测。

3. 加速度坡度法

加速度坡度法由美国 ASL 实验室的 Tony Gioutsos 提出。事实上,和加速度峰值法、速度变量法一样,加速度坡度法也是对加速度信息进行运算而做出判断。速度峰值法依据的是瞬时值,速度变量法依据的是积分值,而加速度坡度法依据的是微分值。加速度变化量对加速度信号进行微分,判断是否超过阈值进而判断是否进行点火。通常,由于加速度信号在尺度上存在许多尖峰,所以加速度坡度法在微分前需要对加速度信号进行严格的低通滤波,防止尖峰造成的误报。加速度坡度法采用的是微分,类似于 PID 控制里的微分量,所以更能反映加速度大小的变化情况,也就是说更能反映出碰撞的强度。但是这种算法与前两种算法一样会点火提前,不能完成最佳点火时刻的确定。

4. 移动积分窗式算法

移动积分窗式算法首先对加速度变量 $a(t)$ 在时间段 $[t_1, t_2]$ 积分:

$$S(t_1, t_2) = \int_{t_1}^{t_2} a(t) \mathrm{d}t \tag{8.1}$$

取 t 为当前时刻,$w=t_1-t_2$,称为时间窗的宽度,上式可表示为

$$S(t_1,t_2) = \int_{t-w}^{t} a(t)\mathrm{d}t \qquad (8.2)$$

$S(t,w)$ 是移动窗式积分算法所采用的控制指标,移动窗式积分算法同时预先设置了一个阈值 S_{th},当这个指标 $S(t,w)$ 超过阈值 S_{th} 时,就发出点火信号。

移动窗式积分算法与速度变量法有相似的地方,即都是对加速度变量进行积分,只不过移动窗式积分算法只是对当前时刻前 w 时间长度内的加速度信号进行积分运算,而速度变量法是对当前时刻以前的较长一段时间内的加速度信号进行积分。S_{th}、w 是使用移动窗式积分算法时必须确定的两个参数。其中点火阈值 S_{th} 需要通过实车碰撞试验的电测量结果和图像测量结果,同时结合"127mm-30ms"准则来确定;而时间窗的窗宽 w 主要与发生碰撞的方式和汽车的结构有关,需要根据特定车型调整。从本质上讲,移动式积分窗法属于速度变化量法,只是积分的时间长度变了,所以同样无法确定最佳点火的准确时刻。

5. 比功率法

比功率法由 J. L. Allen 提出,此种算法综合考虑了影响碰撞严重程度的诸多参数,如车身加速度、加速度变化量、能量变化量、速度变化量、加速度坡度等。比功率法假设汽车在水平方向上的加速度波形为反余弦波,加速度表示为

$$a(t) = \frac{GP}{2}(1-\cos(wt))$$

$$w = \frac{2\pi}{T}$$

式中:GP 为加速度峰值;T 为碰撞脉冲宽度;w 为角频率。

根据 $a(t)$ 可以得出速度变化量:

$$\Delta v(t) = \int_0^t a(t)\mathrm{d}t \qquad (8.3)$$

加速度的坡度 $J(t)$ 为

$$J(t) = \frac{\mathrm{d}a(t)}{\mathrm{d}t} \qquad (8.4)$$

碰撞过程中的总动量为

$$E(t) = \frac{1}{2}m\Delta v^2(t) \qquad (8.5)$$

式中:m 为汽车的质量;$\Delta v(t)$ 为碰撞过程中汽车的速度变化量。

对式(8.5)两边求导,可得其功率 $P(t)$ 为

$$P(t) = \frac{dE(t)}{dt} = m \cdot \Delta v(t) \cdot a(t) \tag{8.6}$$

对式(8.6)两边求导,得到功率比为

$$dP(t)/dt = m[\Delta v(t) \cdot J(t) + a(t) \cdot a(t)] \tag{8.7}$$

由于这里的汽车质量一般情况下不会改变或改变很小,所以将这个因素移动至左边,于是得到

$$\frac{dP(t)/dt}{m} = \Delta v J(t) + a^2(t) \tag{8.8}$$

$dP(t)/dt$ 就是比功率法进行点火控制的指标,当指标超过阈值时就判为严重碰撞,需要点爆气囊,对乘员进行保护。指标 $dP(t)/dt$ 综合考虑加速度坡度、加速度和速度变化量三个参数,具有较好的适应性。与前面的算法一样,比功率法同样不能确定最佳点火时刻。

8.2 基于 BP 人工神经网络的点火判断算法

BP(Back Propagation)神经网络具有强大的学习与非线性映射能力,我们可以据此设计点火判断算法,将加速度值映射至点火开关信号;同时,BP 神经网络的容错能力使得算法在加速度适当波动的情况下仍然能给出正确判断。

8.2.1 BP 人工神经网络算法

BP 神经网络在 1986 年由 Rumelhart 和 McCelland 等科学家提出,是一种目前被广泛应用的采用误差反向传播算法进行训练的多层前馈网络。BP 神经网络模型在结构上由输入层(Input)、隐含层(Hide Layer)和输出层(Output Layer)组成,如图 8.2 所示。

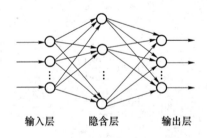

图 8.2 BP 神经网络模型拓扑结构

BP 学习算法的基本原理是梯度最速下降法,评价准则是网络的实际输出值与期望输出值的误差均方值,学习过程是一种误差边向后传播边修正权系数的过程。这里以含有一

层隐含层结构的 BP 网络为例进行说明,如图 8.3 所示。

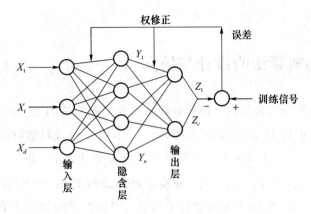

图 8.3 BP 神经网络模型拓扑结构

假设此 BP 神经网络的结构为:输入层有 d 个节点,隐含层有 n 个节点,输出层有 c 个节点,网络的权值为 w。

设输入的训练样本为 $x=(x_1,\cdots,x_d)^T$,期望输出 $\tau=(t_1,\cdots,t_c)^T$,网络的实际输出 $z=(z_1,\cdots,z_c)^T$,隐含层神经元的输出 $y=(y_1,\cdots,y_n)^T$,取 net 为神经元的净输出,则我们得到

对隐含层:$y_j = f(\text{net}_j), \text{net}_j = \sum_{m=0}^{d} w_{jm} x_m, j = 1,\cdots,n;$

对输出层:$z_k = f(\text{net}_k), \text{net}_k = \sum_{m=0}^{n} w_{km} y_m, k = 1,\cdots,c;$

采用误差平方和为准则函数:

$$J(w) = \frac{1}{2} \| \tau - z \|^2 = \frac{1}{2} \sum_{k=1}^{c} (t_k - z_k)^2 \tag{8.9}$$

权值调整公式为

$$w(m+1) = w(m) - \eta \frac{\partial J}{\partial w} \tag{8.10}$$

式中:η 为学习速率;x_0、y_0 是为引入阈值而设置的偏置量。

BP 算法的计算机实现流程如下:

(1) 对网络进行初始化;采用较小的数对网络权重随机赋值。

(2) 训练数据,训练次数和样本数相同。

① 输入学习数据;

② 计算得到输出层输出;

③ 根据计算教师信号计算误差;

④ 累计 c 误差。

(3) 误差精度或循环次数达到要求则到(5),否则到(4)。

(4) 对神经元之间连接权及偏置进行调整,转回(2)。

(5) 输出结果。

8.2.2 点火判断算法的设计与仿真

一般而言,汽车安全气囊的点火控制算法应在发生碰撞后的 10～40 ms 内作出点火判断。考虑实时性,我们以 10 ms 为延时期限,以 10 ms 为单位进行数据处理,即对由当前时刻算起的之前最近 10 ms 的加速度值进行采样,采样周期为 1 ms,即 10 个数据。

BP 网络输入层的节点设计为两个,即输入数据为两个,第一个为当前时刻的加速度值,第二个为最近 10 ms 的 10 个加速度值平均值。当前时刻的加速度值表示瞬时强度,最近 10 ms 的加速度平均值用以表征平均强度,以避免碰撞强度不够但具有短暂的加速度高值的情况所造成的错误点火。结构上采用单隐含层,节点数设为 6,传输函数采用双曲正切 S 形函数,在 MATLAB 中表示为 tansig,输出节点为 1 个,即点火判断信号。

汽车安全气囊的点火条件是指在一定的碰撞条件下汽车安全气囊必须点火,而在另一种条件下不得点火。也就是在一定的碰撞强度下气囊必须点火,而在低于该强度时气囊不得点火。在描述气囊点火条件时,一般使用气囊的引爆速度来表示。这里的引爆速度并非碰撞事故中的车体速度,而是与碰撞事故强度等效的固定壁障正面碰撞的等效初速度。

汽车安全气囊的点火条件取决于汽车安全法规、生产厂家的要求、车身特性及点火控制系统的性能等诸多因素,并不固定。本书以某车型实际台车碰撞试验得到的 3 条不同碰撞强度(碰撞初速度)下的加速度曲线为样本,分别为正面碰撞初速度 56 km/h、40% 偏置,碰撞初速度 32 km/h、100% 偏置,碰撞初速度 56 km/h、100% 偏置,如图 8.4～图 8.6 所示。并做"56 km/h、40% 偏置不点爆气囊,32 km/h、100% 偏置必须点爆气囊,56 km/h、100% 偏置必须点爆气囊"的规定,如表 8.1 所示。

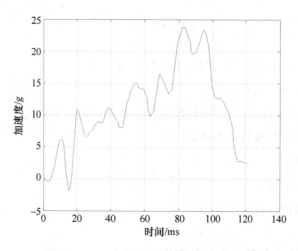

图 8.4　56 km/h、40% 偏置时的加速度曲线

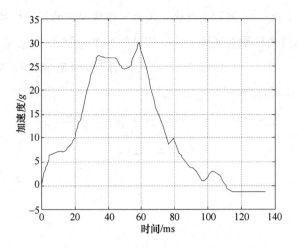

图 8.5　32 km/h、100%偏置时的加速度曲线

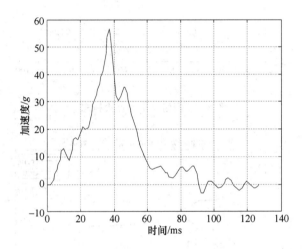

图 8.6　56 km/h、100%偏置时的加速度曲线

表 8.1　不同碰撞初速度(碰撞强度)下气囊的点火规定

碰撞初速度	56 km/h 40%偏置	32 km/h 100%偏置	56 km/h 100%偏置
是否点火	不点火	点火	点火

根据前面的设计,我们以 10 ms 为单位进行数据处理,即由当前时刻算起的之前最近 10 ms 的加速度值,采样周期为 1 ms,即 10 个数据。网络输入层的输入数据为两个,第一个为当前时刻的加速度值,第二个为最近 10 ms 的 10 个加速度值之和。BP 网络的隐含层采用一层,节点数设为 6,传输函数采用双曲正切 S 形函数,在 MATLAB 中表示为 tansig,输出层节点为 1 个。

为了对网络进行训练,为每对输入数据添加教师信号,教师信号的选取符合前述碰撞点火规定,并以 1 表示点火,0 表示不点火。采用三种情况下的加速度数据及其教师信号对所构建的 BP 神经网络进行重复训练。训练结果如图 8.7 所示,网络完成了很好的映射,目标误差定在 1.0000×10^{-5},经过 15 次的迭代运算后,网络进入收敛状态,最终误差为 2.07×10^{-6},小于目标误差,如图 8.8 所示。

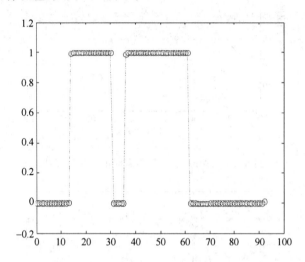

图 8.7　网络输出的点火标志

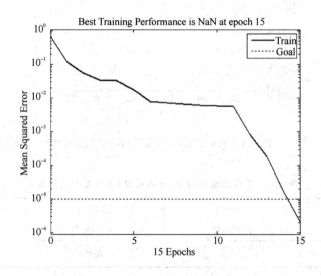

图 8.8　网络训练过程的误差函数曲线

在将网络训练好后,需要一些测试数据输入网络以检验算法的可靠性。为此,我们需要获得一系列与训练样本同等碰撞强度下的汽车碰撞曲线。

由于实体车辆碰撞试验的代价过高,这里采用计算机进行模拟。根据 1992 年美国 Automotive System 实验室的 Michael A. Piskie 和 Tony Gioutsos 提出的理论,我们可以认为汽车碰撞曲线由一条基线(Baseline)与一条噪声曲线(Noiseline)构成。其中碰撞曲线指车身某点处的减速度曲线,而基线代表这种汽车特有的碰撞特性,所以可以称为汽车碰撞特征曲线。这样就可以认为,同种型号汽车的碰撞特征曲线只与汽车结构、材料种类、零部件强度等相关。汽车碰撞噪声曲线表示碰撞过程中随机因素的影响,具有一定的随机统计特性。根据 Tony Gioutsos 的观点,这些随机成分可以视为正态白噪声。

这里采用简化处理,直接分别对 3 条原始样本曲线添加均值为 0、方差为 2 的正态随机白噪声,得到衍生样本曲线,如图 8.9~图 8.11 所示。

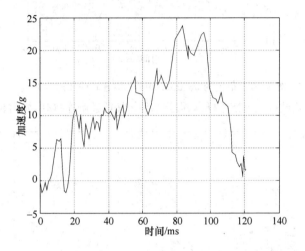

图 8.9 衍生的 56 km/h、40%偏置时的加速度曲线

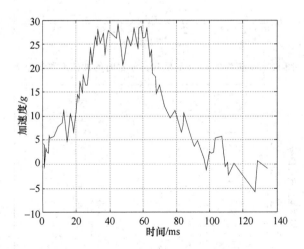

图 8.10 衍生的 32 km/h、100%偏置时的加速度曲线

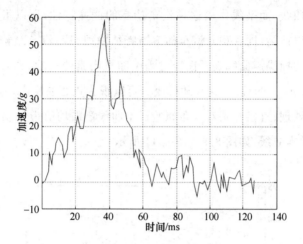

图 8.11　衍生的 56 km/h、100％偏置时的加速度曲线

用训练好的网络测试这三个衍生样本，得到结果。按前述顺序排列，如图 8.12～图 8.14 所示。

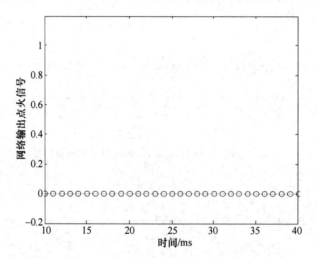

图 8.12　衍生的 56 km/h、40％偏置时的加速度测试结果

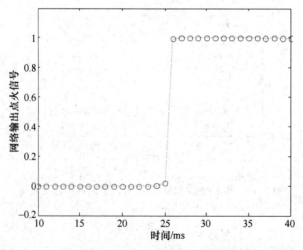

图 8.13　衍生的 32 km/h、100％偏置时的加速度测试结果

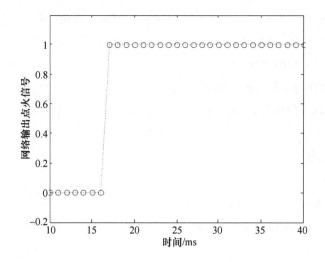

图 8.14　衍生的 56 km/h、100％偏置时的加速度测试结果

从图 8.12～图 8.14 可以得出：正面 40％偏置、碰撞初速度 56 km/h 时未起爆；100％偏置、碰撞初速度 32 km/h 时起爆；100％偏置、碰撞初速度 56 km/h 时起爆，符合规定。

用前述方法，模拟出 10 条衍生减速度曲线并对网络进行测试，结果如表 8.2 所示。

表 8.2　不同碰撞初速度（碰撞强度）下的网络输出判断

样本序号	56 km/h 40％偏置	32 km/h 100％偏置	56 km/h 100％偏置
1	不点火	点火	点火
2	不点火	点火	点火
3	不点火	点火	点火
4	不点火	点火	点火
5	不点火	点火	点火
6	不点火	点火	点火
7	不点火	点火	点火
8	不点火	点火	点火
9	不点火	点火	点火
10	不点火	点火	点火

从表 8.2 可以看出，对 10 个样本气囊均可以作出准确判断，并发出点火条件满足的信号。仿真实验表明，该方法能够很好地完成汽车安全气囊的点火判断。

8.2.3　算法实现

本算法的部分 MATLAB 实现程序如下：

```
T = [c1;c2;c3]';
```

```matlab
net = newff(minmax(P),[2,3,1],{'tansig','tansig','purelin'},'trainlm')
net.trainParam.epochs = 500;
net.trainParam.show = 50;
net.trainParam.goal = 1e-005;
[net,tr] = train(net,P,T);

% 测试样本数据
% 第一种情况
p3 = a1 + random('normal',0,1,size(a1));
p4 = b1 + random('normal',0,1,size(a1));
P_test = [p3,p4]';
Y1 = sim(net,P_test);

%  x = 10:1:40;
%  axis([10 40 -0.2 1.2]);
%  plot(x,Y,'b:o')
%  axis([10 40 -0.2 1.2]);
x = 1:21
figure(1)
plot(x,c1)
hold on
figure(2)
plot(x,Y1)

% 第二种情况

p5 = a2 + random('normal',0,1,size(a1));
p6 = b2 + random('normal',0,1,size(a1));
P_test = [p5,p6]';
Y2 = sim(net,P_test);

%  x = 10:1:40;
%  axis([10 40 -0.2 1.2]);
%  plot(x,Y,'b:o')
%  axis([10 40 -0.2 1.2]);
```

```
x = 1:21
figure(3)
plot(x,c2)
hold on
figure(4)
plot(x,Y2)

% 第三种情况
p7 = a3 + random('normal',0,1,size(a3));
p8 = b3 + random('normal',0,1,size(b3));
P_test = [p7,p8]';
Y3 = sim(net,P_test);


% x = 10:1:40;
% axis([10 40 -0.2 1.2]);
% plot(x,Y,'b:o')
% axis([10 40 -0.2 1.2]);
x = 1:21
figure(5)
plot(x,c3)
hold on
figure(6)
plot(x,Y3)
net = newff(minmax(P),[2,3,1],{'tansig','tansig','purelin'},'trainlm')
net.trainParam.epochs = 500;
net.trainParam.show = 50;
net.trainParam.goal = 1e-005;
[net,tr] = train(net,P,T);
% 测试样本数据
% 第一种情况
p3 = a1 + random('normal',0,1,size(a1));
p4 = b1 + random('normal',0,1,size(a1));
P_test = [p3,p4]';
Y1 = sim(net,P_test);
```

```
% x = 10:1:40;
% axis([10 40 -0.2 1.2]);
% plot(x,Y,'b:o')
% axis([10 40 -0.2 1.2]);
x = 1:21
figure(1)
plot(x,c1)
hold on
figure(2)
plot(x,Y1)
```

% 第二种情况

```
p5 = a2 + random('normal',0,1,size(a1));
p6 = b2 + random('normal',0,1,size(a1));
P_test = [p5,p6]';
Y2 = sim(net,P_test);

% x = 10:1:40;
% axis([10 40 -0.2 1.2]);
% plot(x,Y,'b:o')
% axis([10 40 -0.2 1.2]);
x = 1:21
figure(3)
plot(x,c2)
hold on
figure(4)
plot(x,Y2)
```
% 第三种情况
```
p7 = a3 + random('normal',0,1,size(a3));
p8 = b3 + random('normal',0,1,size(b3));
P_test = [p7,p8]';
Y3 = sim(net,P_test);

% x = 10:1:40;
```

```
% axis([10 40 -0.2 1.2]);
% plot(x,Y,'b:o')
% axis([10 40 -0.2 1.2]);
x = 1:21
figure(5)
plot(x,c3)
hold on
figure(6)
plot(x,Y3)
```

8.3 结合 BP 网络与 ARMA 模型的最佳点火时刻预测算法

根据加速度信号对头部位移进行预测并寻找最佳点火时刻实际上就是建立一个系统模型,能够从输入的加速度信号得到头部位移的输出。而要建立这样的系统模型就是要对这个系统模型进行辨识,即系统辨识。

8.3.1 系统辨识

系统辨识是根据系统的输入输出时间函数来确定描述系统行为的数学模型,是现代控制理论中的一个分支。辨识、控制理论和状态估计是现代控制理论三个相互渗透的领域。辨识和状态估计需要控制理论的支持,同时控制理论的应用也需要辨识和状态估计技术。控制理论的实际应用总是需要根据被控对象的数学模型,然而在大多数情况下,我们是不能预先知道被控对象的数学模型的,或者其模型的参数可能在正常运行期间发生变化。系统辨识正是基于这样的形势而出现的,不论是在自然科学领域还是社会科学领域,系统辨识正在被广泛而深入地研究。

系统辨识是一种建模的方法,即用一个模型将客观系统对象表示为便于分析理解的形式。数据、模型类与准则是系统辨识的三个要素。系统辨识就是在一组模型类中按照某种准则选择一个与所给数据拟合最好的模型。系统辨识的目的是对对象系统进行分析,估计其内部、外部属性并建立数学模型,以尽可能地模仿其真实行为。如此,便可由给定的模型输入得到系统的预测输出,并据此设计系统的控制器与控制方案。从数学上讲,系统辨识就是从给定的模型类 $\mu=\{M\}$(即给定一类已知结构的模型)中,根据一类输入信号 u,在等价准则 $J=L(y,yM)$(一般情况下,J 是误差函数,是过程输出 y 和模型输出 yM 的一个泛函)的约束下选择使误差函数 J 达到最小的模型。

系统辨识包括两个方面:结构辨识和参数估计。进行系统辨识,首先要获取先验知识以及明确建模目的,这两者是系统辨识的依据;先验知识是指关于系统运动规律、数据以及其他方面的已有知识,先验知识对决定辨识方法、选择模型的结构以及设计实验等都有重要作用。其次,建模的目的对于确定辨识方法和模型结构也有重要意义。不同目的的模型存在很大差别,应根据不同的控制目的来选择控制系统模型。比如建立预测模型时,应考虑预测误差,在建立仿真模型时,就要根据应用的要求去决定模型结构的复杂程度。获取先验知识以及明确建模目的之后,就是实验设计。辨识是从实验数据中提取有关系统信息的过程,输入和输出数据是辨识的基础,比较数据的好坏可以从辨识的可行性出发或从某种最优性原则出发。输入信号的设计、预采样滤波器的设计与采样区间的设计是实验设计要解决的问题。进行完实验设计,接着就是结构辨识。结构辨识就是要求出模型的具体数学表达形式。一般的模型结构主要通过先验知识获得,而线性系统可通过输入输出信息进行辨识。确定系统结构后,要进行参数估计,也就是说我们需要根据输入输出数据来确定模型的未知参数。由于实际测量存在误差,所以参数估计一般采用统计方法。系统辨识的最后步骤是进行模型适用性检验。使用存在问题的辨识算法、所选取的数据的代表性太差、选取的模型结构不当以及实验数据误差过大都会造成模型的不适用,而模型的适用性主要通过先验知识和已有数据进行检验。

在需要通过实验数据来确定对象系统的数学模型或是需要估计对象系统参数的时候都可能要用到系统辨识的技术,系统辨识已经被推广到许多领域,如航空航天飞行器、化学化工过程、生物医学系统、核反应堆、社会经济系统、电力系统、生态系统、环境系统等。

8.3.2 ARMA 模型辨识器

ARMA(Auto-Regressive and Moving Average)模型是研究时间序列、建立时间序列模型的重要方法。ARMA 模型的结构如图 8.15 所示。

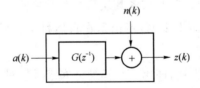

图 8.15 ARMA 的结构

其中,$a(k)$为输入,$z(k)$为输出,$n(k)$为噪声,$G(z^{-1})$为系统模型:

$$G(z^{-1}) = \frac{B(z^{-1})}{A(z^{-1})} \tag{8.11}$$

$$A(z^{-1}) = 1 + a_1 z^{-1} + a_2 z^{-2} + \cdots + a_n z^{-n} \tag{8.12}$$

$$B(z^{-1}) = b_1 z^{-1} + b_2 z^{-2} + \cdots + b_n z^{-n} \tag{8.13}$$

其中,$a_1, a_2, \cdots, a_n$ 和 $b_1, b_2, \cdots, b_n$ 为 ARMA 模型系数。对于 ARMA 模型参数的估计,我

们令

$$Z_n = [z(1), z(2), z(3), \cdots, z(L)]^T \quad (8.14)$$

$$\theta_n = [-a_1, -a_2, \cdots, -a_n, b_1, b_2, \cdots, b_n]^T \quad (8.15)$$

$$H_n = \begin{bmatrix} z(0) & z(-1) & \cdots & z(1-n) & u(0) & u(-1) & \cdots & u(1-n) \\ z(1) & z(0) & \cdots & z(2-n) & u(1) & u(0) & \cdots & u(2-n) \\ \cdots & \cdots & \cdots & \cdots & & & & \cdots \\ z(L-1) & z(L-2) & \cdots & z(L-n) & u(L-1) & u(L-2) & \cdots & u(L-n) \end{bmatrix}$$

$$(8.16)$$

则 ARMA 模型参数 θ_n 和噪声 $V(k)$ 方差的极大似然估计值为 $\hat{\theta}_{ML}$ 和 σ_v^2：

$$\hat{\theta}_{ML} = (H_n^T H_n)^{-1} H_n^T Z_n \quad (8.17)$$

$$\sigma_v^2 = \frac{1}{L}(Z_n - H_n \hat{\theta}_{ML})^T (Z_n - H_n \hat{\theta}_{ML}) \quad (8.18)$$

根据不同阶次可以得到不同的 ARMA 模型，为得到合理的阶次与模型，这里采用 AIC 准则定阶：

$$\mathrm{AIC}(\hat{n}) = L \times \log \sigma_v^2 + 4\hat{n} \quad (8.19)$$

取 $\hat{n} = 1, 2, 3, 4, 5, 6, 7, 8$ 分别计算 $\mathrm{AIC}(\hat{n})$，找到使 $\mathrm{AIC}(\hat{n})$ 最小的那个 $\hat{n}$ 作为模型的阶次。

8.3.3 结合 BP 网络与 ARMA 模型的预测算法的设计与仿真

为了对最佳点火时刻进行预测，这里设计一种新的算法。我们将反向传播（BP）神经网络与自回归滑动平均（ARMA）模型结合起来，发挥 BP 神经网络的非线性映射能力与 ARMA 模型回归分析的精确性。其结构如图 8.16 所示。

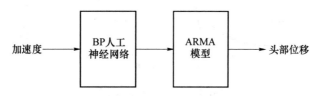

图 8.16 算法结构图

算法分为两个大的步骤，首先是通过 BP 人工神经网络将加速度数据映射至 30 ms 后的位移数据的时间轴，之后再依据得到拟合的时间量与头部位移数据进行 ARMA 建模。其中，BP 网络输入节点为 5 个，输出层节点为 1 个，隐含层为 2 层，第 1 层 10 个节点，第 2

层 5 个节点,传输函数采用双曲正切 S 形函数。输入的数据是当前时刻算起的之前最近 10 ms 的加速度值,采样周期为 2 ms,即每次输入 1 个由 5 个数据组成的向量。而 ARMA 模型采用赤池信息量准则(Akaike Information Criterion,AIC)定阶,并用最小二乘法估计模型参数。下面对该算法进行仿真验证。

图 8.17 为某车型实际台车碰撞试验得到的两条不同碰撞强度(碰撞初速度)下的加速度曲线样本。其碰撞强度分别为碰撞初速度 32 km/h 和碰撞初速度 56 km/h 的正面碰撞。图 8.18 为与之对应的头部位移曲线样本。

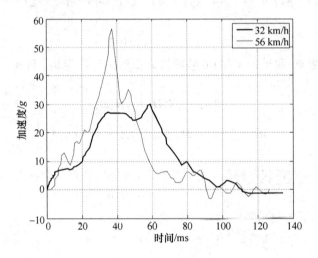

图 8.17 加速度曲线

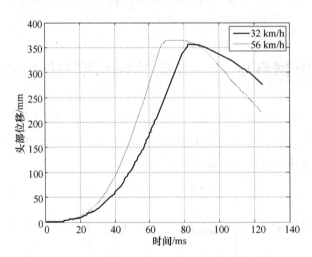

图 8.18 头部位移曲线

按照算法,我们需要首先将加速度数据映射至时间轴,之后再对头部位移进行建模。

对于 32 km/h、100% 偏置情况,由于头部位移达到 127 mm 的时刻在 53 ms 附近,所以将附近区段作为考查目标,这里选取区间[44 ms,63 ms]的头部位移量。在加速度数据的选取上,由于是用当前时刻加速度值与之前 10 ms 内的加速度均值两个量对 30 ms 后的头部位移进行预测,所以选取区间[4 ms,33 ms]上的加速度数据,对区间[14 ms,33 ms]的每个数据计算之前 10 ms 的均值,并与该数据构成对应当前时刻的矢量数据,这样就得到了区间[14 ms,33 ms]上的输入数据矢量。首先将[14 ms,33 ms]上的数据矢量映射至时间轴[44 ms,63 ms]之上,之后再将时间轴拟合量作为 ARMA 模型的输入数据对区间[44 ms,63 ms]头部位移量进行建模。这样我们得到的头部位移值与样本值对比图及其局部放大图分别如图 8.19 和图 8.20 所示。

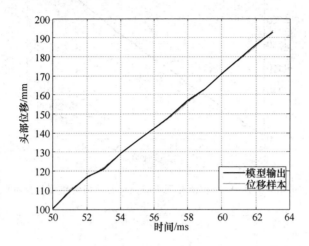

图 8.19 32 km/h、100% 偏置情况的网络输出值与样本值对比图

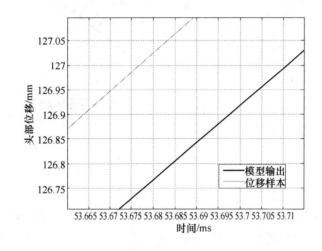

图 8.20 32 km/h、100% 偏置情况的网络输出值与样本值对比局部放大图

对于 56 km/h、100% 偏置情况,由于头部位移达到 127 mm 的时刻在 44 ms 附近,所以将附近区段作为考查目标,这里选取区间[35 ms,54 ms]的头部位移量。如前所述,由于是用当前时刻加速度值与之前 10 ms 内的加速度均值两个量对 30 ms 后的头部位移进行预测,所以选取区间[0 ms,24 ms]上的加速度数据,对区间[5 ms,24 ms]的每个数据计算之前 10 ms 的均值(不够的计算截至 0 的区间内的均值),并与该数据构成对应当前时刻的矢量数据,这样就得到了区间[5 ms,24 ms]上的输入数据矢量。首先将[5 ms,24 ms]上数据矢

量映射至时间轴[35 ms,54 ms]之上,之后再将时间轴拟合量作为 ARMA 模型的输入数据对区间[35 ms,54 ms]的头部位移量进行建模。头部位移的网络输出值与样本值对比图及其局部放大图分别如图 8.21 和图 8.22 所示。

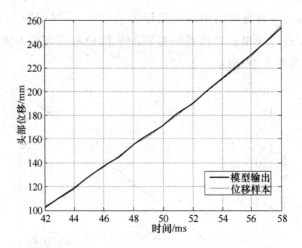

图 8.21　56 km/h、100% 偏置情况下头部位移的网络输出值与样本值对比图

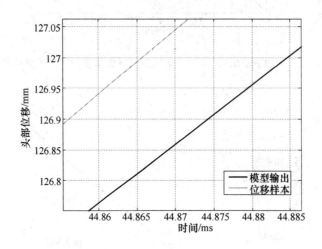

图 8.22　56 km/h、100% 偏置情况下头部位移的网络输出值与样本值对比局部放大图

如图 8.19 和图 8.20 所示,以样本头部位移曲线为参照,一方面,头部位移达到 127 mm 的时刻为 53.675 ms,此时模型预测的头部位移为 126.75 mm,误差为 0.25 mm;另一方面,模型预测的头部位移达到 127 mm 的时刻为 53.71 ms,即预测的最佳点火时刻为 23.71 ms,与实际最佳点火时刻的误差为 53.71−53.675=0.035 ms。对于图 8.21 和图 8.22,以样本头部位移曲线为参照,一方面,头部位移达到 127 mm 的时刻为 44.865 ms,此时模型预测的头部位移为 126.8 mm,误差为 0.2 mm;另一方面,模型预测的头部位移达到 127 mm 的时刻为 44.885 ms,即预测的最佳点火时刻为 14.885 ms,与实际最佳点火时刻的误差为 44.885−44.865=0.02 ms。分析表明,网络预测的头部位移和样本位移有很好的拟合度,网络能够以极小的误差预测到乘员的头部位移量,从而给出精确的最佳点火时刻。

8.4 本章小结

本章针对汽车安全气囊的点火判断控制问题,给出了一种采用 BP 神经网络对汽车的加速度信号进行处理的控制方法。而针对汽车安全气囊的最佳点火时刻预测问题,给出了一种基于 BP 神经网络与 ARMA 模型相结合的算法。仿真结果表明,所设计的基于 BP 神经网络的点火判断控制算法能够很好地完成汽车安全气囊的点火判断;基于 BP 神经网络与 ARMA 模型相结合的算法能够精确地预测汽车安全气囊的最佳点火时刻,提高了汽车的安全性能。

第9章 汽车安全气囊多点起爆控制系统的设计

9.1 多点起爆控制系统的组成

汽车安全气囊多点起爆控制系统的结构如图9.1所示，整个系统按功能可大致划分为中央控制器（ECU）模块、压电变换电路模块和多点起爆电路模块。根据系统给定的环境信号特征以及汽车敏感自身过载（加速度），产生信号输入压电变换电路模块；由ECU发出的高频交变信号，控制SWD开关工作使直流电源经过逆变电路和压电变压器升压，以及倍压整流电路整流，输出一个脉动的直流电流给高压电容充电；反馈电路检测高压电容电压信号反馈到ECU，监控充电电压，利用量子控制模式稳定输出电压。当电压达到设定电压值的上限时，停止充电，系统处于待发状态。经过一段时间后，当电压下降到设定电压值的下限时，恢复充电，如此往复。当感受到碰撞时，发出方位起爆编码指令，该信号经过译码电路和起爆指令生成电路输出选通起爆信号，驱动选通的触发电路工作，给相应的高压开关一个高压脉冲，高压开关在几十纳秒的时间内闭合，使高压电容对冲击片雷管放电，实现汽车安全气囊的定向精准起爆。

9.2 多点起爆控制方案

根据多点起爆装置结构的不同，具体有多种系统解决方案，如起爆模块分布式设计、冲击片雷管分布式设计等。在设计时，可针对具体应用，对每一种方案的特点进行比较分析，选取最优。最终确定方案如图9.2所示。

图9.2中，A面和B面相当于前面所述的二级气囊控制，在1~8各点以及这些点的组合位置定点点火，如DA_1-DA_5组合、DA_2-DA_6组合等，就可实现上面所说的定向精准点火

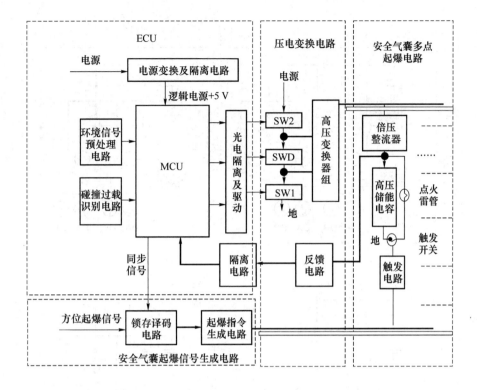

图 9.1 系统结构框图

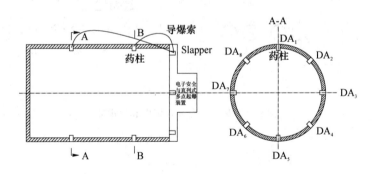

图 9.2 多点起爆装置配置方案

(起爆)。该方案对应的实现电路如图 9.3 所示。图 9.3 中,C_x 是充电点火电容,K_x 为触发开关,S_x 为点火起爆雷管,DA_x、DB_x 等为着火点。

9.3 系统电路设计

根据上节分析确定的起爆控制方案,按照电子安全系统的经典设计模型,本节重点给出定向起爆控制器中高压变换器以及电子安全系统控制逻辑电路的设计。

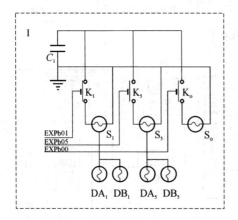
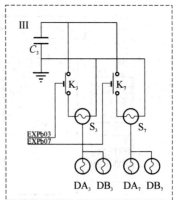
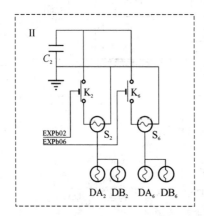
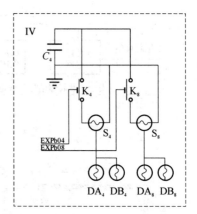

图 9.3 安全气囊多点定向起爆电路

9.3.1 高压变换器电路设计

考虑到整个起爆装置的体积限制,高压变换电路将采用前文介绍的基于量子控制模式的 E 类拓扑结构,这样可使电路达到最简化。

高压变换电路如图 9.4 所示,静态开关 SW1 和 SW2 分别采用 N 沟道和 P 沟道的功率场效应管,控制能量通路的通断。每一组起爆模块中的高压变换电路用一个动态开关,四组高压变换电路并接在静态开关的 A、B 端口之间。系统在解除保险后,各起爆模块综合各自负载起爆电容的电压输出信息,使反馈控制电路按照量子模式控制各模块中动态开关独立动作。

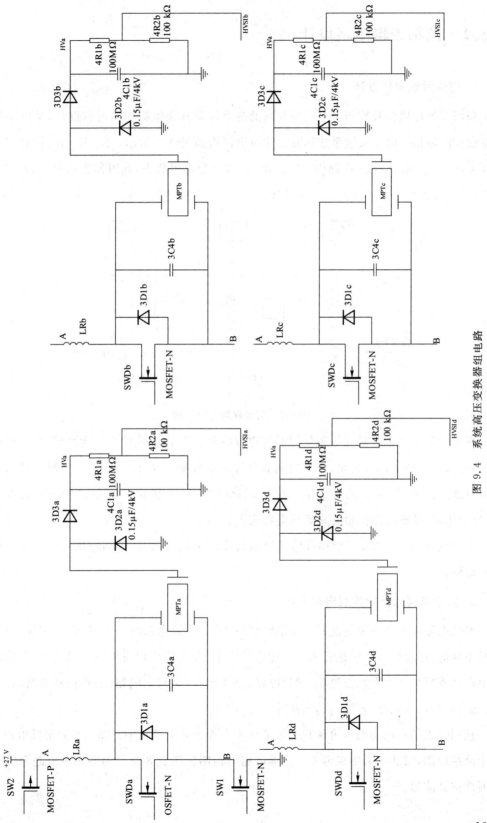

图 9.4 系统高压变换器组电路

9.3.2 控制逻辑电路设计

1. 解除保险逻辑设计

利用三个环境信号控制电子安全系统的三个保险开关解除保险逻辑设计,是解除保险电路设计的依据。电子安全系统解除保险逻辑结构如图 9.5 所示。K_1、K_2、K_3 代表三个保险开关,K_4、K_5、K_6 是时序电路中的"门"单元。K_4 为常闭状态,在时间窗内打开;K_5 与 K_6 为常开状态,信号来时闭合,T_1 为时间窗。

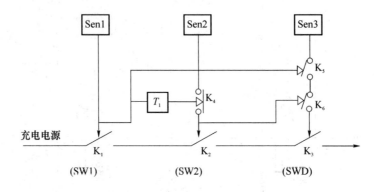

图 9.5 解除保险逻辑结构

环境信号 1 到来之时建立系统时间零点,时间窗 T_1 以环境信号 1 为时间起点,在此时间区间内,第二环境信号到来,持续时间满足要求后控制开关 K_2 导通;前述两信号识别正确后分别关闭 K_3 通路上的开关 K_5 和 K_6,当环境信号 3 按正常时序到来时使动态开关 SWD 工作,全系统解除保险并对高压电容充电。

本书的应用背景中,三个环境信号分别为发动机点火信号、轴向过载信号以及远距离解除保险信号。

2. 安全与解除保险控制电路设计

控制电路完成的主要功能有系统的时序控制、环境信息采集与处理、状态转移与控制、高压电容电压监测、高压转换器驱动交变信号产生、起爆信号和高压信号识别等,对应的数字电路功能模块有上电复位电路、时钟电路、分频电路、时间窗电路、信号识别电路、延迟电路、动态信号产生电路、智能与门电路等。

按照分工的不同由两片可编程逻辑器件来实现上述电路功能。图 9.6 为集成电路 1 内部电路结构,图 9.7 为集成电路 2 内部电路结构图。图 9.8 所示为两集成电路系统的工作时序仿真波形。

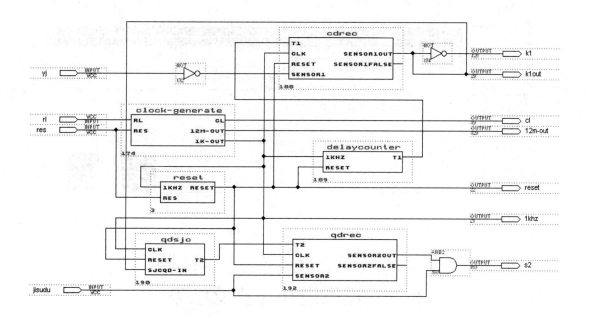

图 9.6 集成电路 1 内部电路结构

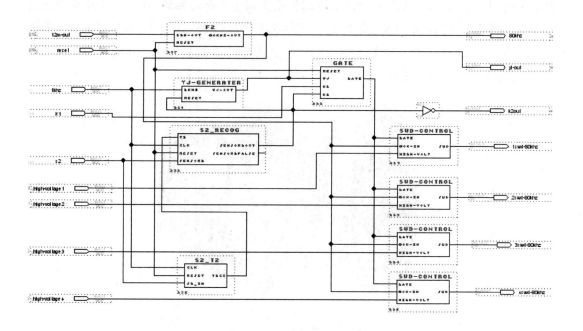

图 9.7 集成电路 2 内部电路结构

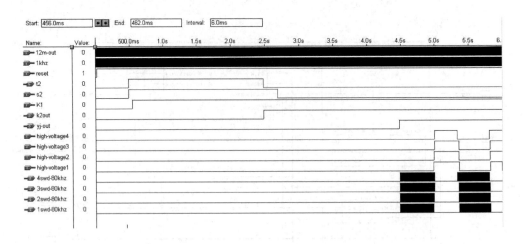

图 9.8 系统时序仿真波形

9.4 样机设计与实验结果

系统样机的三维结构如图 9.9 所示。针对变换器部分为了满足本应用背景对解除保险后充电时间的要求,利用前面的分析结论调整逆变驱动电路的参数,使实验中压电变压器的输出功率为 1.5 W。此时对应的电路主要参数选择为:电感 L_R 为 68 μH,压电变压器输入并联电容 C_p 为 20 nF,占空比 D 调至 0.45。电路其余参数参见实验样机参数。实验对 0.15 μF 的高压电容进行充电,充电电压区间设置为 2.5~2.7 kV。

图 9.9 系统样机三维结构图

图 9.10 所示为逆变电路参数调整后的开关驱动信号和变压器输入电压波形。从图 9.10 可以看出逆变电路参数调整后开关仍工作于零电压开关状态,调整后压电变压器的输入电压最大值约为 100 V,与式(5.11)计算结果一致。

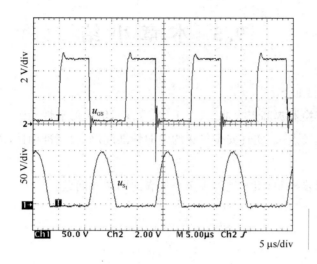

图 9.10　开关驱动信号和变压器输入电压波形

图 9.11 所示为负载电容为 0.15 μF 的充电电压波形,图形显示,充电电压达到 2.5 kV 时所用时间为 298 ms,能满足系统解除保险时间不大于 600 ms 的要求,而较大的裕量也能使系统在低温情况下达到工程要求。若需要更短的充电时间,可以采用并联压电变压器的方式提高输出功率。此外,在系统体积允许的情况下,可以采用自适应频率跟踪控制模式来保证不同温度下输出性能的一致性。

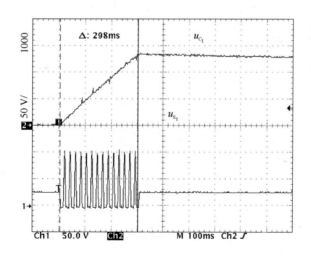

图 9.11　负载电容为 0.15 μF 的充电电压波形

9.5　本章小结

上述方案可概括如下：
- 通过压电变换器提高点火能量(上千伏、可调)，解决可靠性问题；
- 通过多点起爆点火，实现安全气囊的定向精准起爆，提高准确性，避免剧烈碰撞造成的误伤；
- 通过多点同步控制，很好地解决多个气囊的同步性问题。

第 10 章 总结与建议

10.1 总　　结

压电变压器体积小,质量轻,在高频范围仍具有高能量密度、无铜损、无电磁干扰等优点,且其输入阻抗随负载减小而增加的特性更适合高压放电领域。因此,研究以压电变压器为核心器件的高压变换器可为汽车安全气囊点火系统的高压转换电路简化、体积的进一步缩小以及工作效率的提高提供一个新的技术途径。本书的研究目的就是突破基于压电变压器的汽车安全气囊点火系统高压变换器的关键技术,在提供的有限电源电压、有限充电时间和有限空间的条件下,进行压电高压变换器的工作频率优选、高效率充电的理论与电路设计,实现汽车安全气囊点火系统的稳定充电与可靠性要求。本书的具体研究工作总结如下:

(1) 从汽车安全气囊点火系统的结构和工作原理出发,提出了安全气囊点火系统高压变换器的组成结构;介绍了压电变压器的特点和工作原理,给出了用于直流输出的等效电路集总参数模型,并利用该模型对变压器的工作特性进行了详细分析;分析研究了变换电路效率最大化的问题,包括逆变驱动电路输出电压最值可调并使开关工作在软开关状态问题、输出电路中的高压电容恒流等台阶充电实现问题,以及将输出电压稳定在预设的电压范围内时,优选驱动频率或控制驱动频率跟踪问题;最后给出了汽车安全气囊点火系统压电高压变换器的电路模型,为系统的理论分析奠定了基础。

(2) 分析了等效电路模型参数测量的研究现状及存在的问题,详细推导了利用测量压电变压器输入导纳来计算等效电路模型参数的理论依据;对给定压电变压器用上述方法进行了实测,计算出模型参数,得出了压电变压器工作频率随负载电阻变化的特性,实测频率和计算频率值最大相对误差不超过 2.5%,该结果验证了等效集总参数电路模型建立的正确性;利用基波分析法首次分析了变换器输出电路的等效负载,在此基础上得出了变换器在充电过程中系统工作频率的变化特性,该特性为压电高压变换器驱动频率的设计提供了理论基础。

(3) 提出量子型控制模式压电高压变换器的系统结构及变换器设计的要求;在详细分

析变换器逆变驱动电路工作模式的基础上,得出了逆变开关工作于零电压开关状态的条件和电路参数的计算方法;通过对变换器输出电路建模,分析整流电路导通角的变化趋势,得出了压电高压变换器实现恒流充电的条件,为变换器输出电路工作在效率最大化状态提供了理论依据。从电压增益最大、恒流充电等方面得出了驱动频率选择依据。利用变换器等效电路模型研究了变换器的充电过程,分析结果为频率选择的工程计算提供了一个简单有效的方法。

(4) 利用MATLAB的电力系统模型库,建立了变换器主电路仿真模型,仿真结果与实测结果的高度吻合验证了仿真模型的正确性和有效性。该仿真模型可克服实际电路中部分参量不方便和不可测试的缺点,为更深入理解变换器的工作过程和电路参数的优化提供了一个有效的分析工具。

(5) 针对目前压电变压器的传输功率还相对较小的问题,提出了将压电变压器并联连接应用于安全气囊点火压电高压变换器系统中,简要地分析了并联连接特性,利用前面的研究成果建立基于量子模式控制的并联压电变压器高压变换器设计电路,实验给出的实测波形验证了并联连接在高压充电应用领域提高输出功率的可行性。

(6) 针对环境变化引起压电变压器充电时间变长的缺点,提出了采用自适应频率跟踪模式控制变换器电路对高压电容充电;进行了谐振支路电流滞后角计算的理论依据推导,提出基于锁相环的控制实现方案,并详细给出了采样电路的设计和基于锁相环CD4046的控制系统电路设计;最后通过低温环境下的实测波形验证方案的可行性。该控制模式为变换器在环境变化的情况下保证输出性能一致提供了一个有效途径。

10.2 本书的主要创新性成果

本书对基于压电变压器的汽车安全气囊点火系统高压变换技术研究做了大量分析工作,取得了一定的研究成果,对高压变换器电路今后的设计与控制方法的研究具有重要的参考价值和理论指导意义。主要创新性成果如下:

(1) 在全面调研国内外相关文献的基础上,建立了用于汽车安全气囊点火系统的压电高压变换器电路模型,仿真结果与电路实测结果证明该模型的有效性,该模型为系统的理论分析奠定了基础。

(2) 在进行压电高压变换器电路模型参数准确计算的基础上,得出了压电高压变换器的工作频率特性,提出了选择变换器驱动频率的计算方法。

(3) 对压电高压变换器系统电路进行了全面分析,得出了实现逆变驱动电路输出电压可调时动态开关工作在"零电压开关"状态和负载电容恒流等台阶充电的条件,为有效提高压电高压变换器的工作效率提供了理论依据。

10.3　对研究工作的展望和建议

通过总结本书的研究工作,作者认为还有以下问题需要进一步研究:

(1) 设计变换器电路的专用滤波器,高压变换器作为汽车安全气囊点火系统的主要组成部分,在产品的最终验收期间必须要接受国家标准所要求的电磁环境与性能试验的考核,目前本书研制的汽车安全气囊点火系统样机虽能通过大部分的电磁兼容试验,但较多情况下局限于实际工程经验,具体到变换器电路,下一步工作有必要针对具体的电磁兼容试验对其进行建模,为试验的通过提供理论指导。

(2) 进一步探寻电容充电电源压电高压变换器的控制模式,以期能使压电高压变换器在更为多变的环境(如环境温度、电源拉偏等)下均能保证输出性能的一致性,全面提升汽车的安全性能。

参 考 文 献

[1] 肖洪兵. 北京市教委面上项目申请表——压电变换器型汽车安全气囊点火系统的研究[R]. 北京：北京工商大学，2018.

[2] 何光林，李世义. 全电子安全系统[J]. 仪器仪表用户，2016，9(4)：8-10.

[3] 陈娜. 基于人工神经网络的预报型汽车安全气囊点火控制算法的研究[D]. 长沙：湖南大学，2005.

[4] 秦孟苏. 基于模糊神经网络的汽车安全气囊智能点火控制算法[D]. 长沙：湖南大学，2008.

[5] 白春雨. 引信电子安全系统压电高压变换器特性研究[D]. 北京：北京理工大学，2009.

[6] 武涛. 汽车安全气囊控制系统及碰撞分析系统的设计[D]. 合肥：中国科学技术大学，2011.

[7] 唐国强，朱西产. 汽车安全气囊点火算法研究概述[C]. Proceedings of INFATS 2008，Xiamen，2008.

[8] 唐国强. 汽车安全气囊点火算法的研究[J]. 公路与汽运，2009(2)：1-5.

[9] 汽车正面碰撞的乘员保护：GB 11551—2014[S]. 北京：中华人民共和国工业和信息化部，2014.

[10] 王伟强. 压电陶瓷的场致疲劳与非线性研究[D]. 北京：清华大学，2006.

[11] 林伟. 压电陶瓷微定位系统的逻辑规则控制研究[D]. 武汉：华中科技大学，2007.

[12] 张东. 压电变压器用陶瓷材料低温烧结的研究[D]. 天津：天津大学，2010.

[13] 王冀宁. 微型压电俘能器的应变梯度效应分析[D]. 武汉：华中科技大学，2011.

[14] 杨刚. 压电陶瓷场致疲劳特性与机理研究进展[J]. 无机材料学报，2007(01)：1-6.

[15] 陈志武. 铁电陶瓷材料在交变电场作用下疲劳研究进展[J]. 稀有金属材料与工程，2004(7)：673-678.

[16] IVENSKY G，SHVARTSAS M，BEN-YAAKOV S. Analysis and Modeling of a Voltage Doubler Rectifier Fed by a Piezoelectric Transformer [J]. IEEE Transactions on Power Electronic，2004，9(2)：20-25.

[17] HAMAMURA S，NINOMIYA T. Combined PWM and PFM Control for Universal Line Voltage of a Piezoelectric Transformer Off-Line Converter[J]. IEEE Transactions on

Power Electronic, 2003, 18(1): 15-18.

[18] MARTÍN-RAMOS J, NUÍO GARCÍA F, Francisco M. A New Full-Protected Control Mode to Drive Piezoelectric Transformers in DC-DC Converters [J]. IEEE Transactions On Power Electronics, 2002, 17(6): 1096-1103.

[19] NUFIO F, MARTIN J, DIAZ J, et al. Quantummo de control for piezoelectric transformeirn sa c/dc applications [C]. CIEP, Guadala, ara, MEXrCO October 20-24.

[20] NAKASHIMA S, NINOMIYA T, OGASAWARA H, et al. Piezoelectric-transformer inverter with maximum-efficiency tracking and dimming control [C]. Applied Power Electronics Conference and Exposition 2002 (APEC 2002) Seventeenth Annual, 2002, 2: 918-923.

[21] BEN-YAAKOV S. Maximum Power Tracking of Piezoelectric Transformer HV Converters Under Load Variations[J]. IEEE transactions on power electronics, 2006, 21(1): 73-78.

[22] IVENSKY G, BRONSTEIN S, BEN-YAAKOV S. A Comparison of Piezoelectric Transformer AC/DC Converters with Current Doubler and Voltage Doubler Rectifiers[J]. IEEE transactions on power electronics, 2004, 19(6): 1446-1453.

[23] ISHIZUKA Y, LEE K W, OYAMA T. Consideration of a single-switch inverter for piezoelectric transformer with a new control method[C]. PESC, IEEE 34th Annual Conference, 2003: 1621-1626.

[24] PRIETO M J, DIAZ J J, MARTIN A, et al. A Very Simple DC/DC Converter Using Piezoelectric Transformer [C]. 2001 IEEE 32nd Annual Power Electronics Specialists Conference, 2001, 4: 1755-1760.

[25] DÍAZ J, NUÍO F, LOPERA J, et al. A New Control Strategy for an AC/DC Converter Based on a Piezoelectric Transformer [J]. IEEE Transactions on industrial electronics, 2004, 51(4): 850-856.

[26] IVENSKY G, SHVARTSAS M, BEN-YAAKOV S. Analysis and Modeling of a Piezoelectric Transformer in High Output Voltage Applications[C]. Fifteenth Annual IEEE Applied Power Electronics Conference and Exposition, 2000: 1081-1087.

[27] CHOI S, RYU M, LEE S, et al. Adaptive Frequency Control Strategy for Piezoelectric Transformer in AC/DC Adapter Applications using Phase-Detector[C]. Twenty-First Annual IEEE Applied Power Electronics Conference and Exposition, 2006: 1296-1299.

[28] DAILAGO E, DANIONI A. Resonance frequency tracking control for piezoelectric transformer DC-DC converter[J]. Electronics Letters, 2001, 37(22): 33-35.

[29] ZAITSU T, SHIGEHISA T, SHOYAMA M, et al. Piezoelectric Transformer

Converter with PWM Control[C]. IEEE Applied Power Electronics Conference, 1996: 279-283.

[30] RYU M, CHOI S, LEE S, et al. A New Piezoelectric Transformer Driving Topology for Universal Input AC/DC Adapter using a Constant Frequency PWM Control[J]. Twenty-First Annual IEEE Applied Power Electronics Conference and Exposition, 2006: 1314-1317.

[31] MOON S, PARK J. High Power DC-DC Conversion Applications of Disk-Type Radial Mode Pb(Zr, Ti)O_3 Ceramic Transducer[J]. Japanese Journal of Applied Physics, 2011, 50(9): 1-3.

[32] 马骏然, 张春熹. 基于 FPGA 的直接数字频率合成波形发生器[J]. 电子测量技术, 2006, 29(4): 78-80.

[33] 白志红, 张仲超. 单相电流型多电平逆变器组合拓扑及其 SPWM 调制策略研究[J]. 电工技术学报, 2007, 22(11): 80-83.

[34] 黄云, 杨尊先. 基于 FPGA 的 SPWM 变频系统设计[J]. 现代电子技术, 2010, 1: 180-183.

[35] 张彦龙, 张登福, 苏磊. 双极性 SPWM 波形开关点计算及其 FPGA 实现[J]. 微电机, 2011, 10: 85-88.

[36] 曾菊容. 基于 FPGA 和 DDS 技术的任意波形发生器设计[J]. 现代电子技术, 2010, 24: 98-100.

[37] 李明. 基于 FPGA 的甚高频 DDS 设计[J]. 微计算机信息, 2011, 2-2: 13-15.

[38] 张伟. 基于 FPGA 的全数字化 PWM 系统的研制[J]. 电力电子技术, 2010, 12: 53-55.

[39] 李晓宁. 基于 FPGA 的 SPWM 波形控制器设计[J]. 实验技术与管理, 2010, 9: 60-64.

[40] 郑利文. 直接数字频率合成器的优化技术研究[J]. 现代电子技术, 2010, 18: 143-145.

[41] 丁卫东. 一种基于 FPGA 的 SPWM 波的实时生成方法[J]. 计算机技术与发展, 2011, 2: 211-215.

[42] 李国勇. 智能控制及其 MATLAB 实现[M]. 北京: 电子工业出版社, 2005.

[43] 韩力群. 人工神经网络理论、设计及应用[M]. 北京: 化学工业出版社, 2007.

[44] 傅建平. 非迭代前向神经网络模型的研究[D]. 呼和浩特: 内蒙古大学, 2012.

[45] 张德丰. MATLAB 神经网络仿真与应用[M]. 北京: 电子工业出版社, 2009.

[46] 胡玉琢. 改进型灰色神经网络模型在水质预测中的应用[D]. 重庆: 重庆大学, 2010.

[47] 李国勇. 智能控制及其 MATLAB 实现[M]. 北京: 电子工业出版社, 2005.

[48] 方崇志. 过程辨识[M]. 北京：清华大学出版社，2009.
[49] 刘党辉. 系统辨识方法与应用[M]. 北京：国防工业出版社，2010.
[50] FOWLER S. Self-checking arming and firing controller：US：P4541341[P]. 1985.
[51] WILLIS K. Modular electronic safe arm device：US：P5063864[P]. 1991.
[52] HUNTER D，SPRING S. Generic electronic safe and arm：US：P5245926[P]. 1993.
[53] RIMKUS V. Miniature Electronic Safing and Arming Device[R]. 43rd Annual Fuze Conference，2001.
[54] TOBIK T. Air Force Fuze Technology[R]. 50th Annual Fuze Conference，2006.
[55] TOBIK T. Air Force Fuze Technology Overview[R]. 49th Annual Fuze Conference，2005.
[56] ZELDIN O. Electronic Fuze Device and ESA[R]. 52th Annual Fuze Conference，2008.
[57] FORESMAN R，HARRIES K. In-line safing and arming apparatus：US：P4651646[P]. 1985.
[58] MARSHALL W. Safe-arm system with electrical charge transfer circuit：US：P4700263[P]. 1985.
[59] BOUCHER C. Electronic safeiarm device：US：P5476044[P]. 1995.
[60] IVENSKY G，BRONSTEIN S，BEN-YAAKOV S. A comparison of piezoelectric transformer AC/DC converters with current doubler and voltage doubler rectifiers[J] IEEE Transactions on Power Electronics，2004，19(6)：1446-1453.
[61] 赵刚. 全电子安全系统状态控制及应用研究[D]. 北京：北京理工大学，1993.
[62] 李东杰. 全电子点火系统-动态开关、高压变换器和起爆回路技术研究[D]. 绵阳：中国工程物理研究院，1998.
[63] ROSEN C A. Ceramic transformers and filter[C]. Proc. electronic Component Symposium，1956：205-211.
[64] 白辰阳，桂治轮，李龙土. 压电变压器的研究和开发进展[J]. 压电与声光，1998(3)：175-179.
[65] MASON W P. Electric-Mechanical Transducers and Wave Filters[M]. New York：D. Von Nostrand co，1948：189-193.
[66] YAAKOV S，LINEYKIN S. Maximum power tracking of piezoelectric transformer HV converters under load variations[J]. IEEE Transactions on Power Electronics，2006，21：73-78.
[67] LIN R L. Piezoelectric Transformer Characterization and Application of Electronic Ballast[D]. Virginia：Virginia Polytechnic Institute and State University，2001.
[68] CARAZO A V. 50 Years of piezoelectric transformers. Trends in the technology[R]. Materials Research Society Symposium，Boston，MA，United States，2003.
[69] BAKER E M，HUANG W D，CHEN Y，et al. Radial mode piezoelectric transformer

design for fluorescent lamp ballast applications[J]. IEEE Transactions on Power Electronics, 2005, 20: 1213-1220.

[70] LIN C Y, LEE F C. Design of a piezoelectric transformer converter and its matching network[C]. PESC94 Record, 25th. annual IEEE, 1994, 1: 607-612.

[71] HU J H, LI G R, CHAN H L W, et al. An improved method for analyzing the performance of multiplayer piezoelectric transformers[C]. Ultrasonics Symposium Proceedings, 1999, 2: 943-946.

[72] IVENSKY G, SHVARTSAS M, BEN-YAAKOV S. Analysis and modeling of a piezoelectric transformer in high output voltage applications[C]. Applied Power Electrics Conference and Exposition, Fifteenth Annual IEEE, 2000, 2: 1081-1087.

[73] 张卫平, CHEN D Y, LEE F C. 压电陶瓷变压器的线性及非线性模型[J]. 电力电子技术, 2002, 36(3): 25-31.

[74] JIN Y, FOO C F, ZHU W G. Three-dimensional simulation of piezoelectric transformer for the switching power supply[C]. Industrial Electronics Society, IECON Proceeding. The 25th Annual Conference of the IEEE, 1999: 295-299.

[75] ISHIZUKA Y, LEE K W, OYAMA T. Consideration of a single-switch inverter for piezoelectric transformer with a new control method[C]. PESC, IEEE 34th Annual Conference, 2003: 1621-1626.

[76] PRIETO M J, DIAZ J, MARTIN J A, et al. A Very Simple DC/DC Converter Using Piezoelectric Transformer[C]. Power Electronics Specialists Conference, 2001, 11: 1755-1760.

[77] ZHANG W P, ZHANG D Y. A low-cost-ZVS-Class-E converter using PT[C]. Power Electronics Specialists Conference, IEEE 35th Annual, 2004, 3: 1803-1807.

[78] HWANG L H, YOO J H, LEE B H. Modeling of piezoelectric transformer and CCFL by PSPICE[C]. Power System Technology International Conference, 2002: 2664-2668.

[79] NAKASHIMA S, NINOMIYA T, Ogasawara H. Piezoelectric-transformer inverter with maximum-efficiency tracking and dimming control[C]. Applied Power Electronics Conference and Exposition APEC 2002, Seventeenth Annual IEEE, 2002: 918-923.

[80] WEY C, JONG T, PAN C. Design and analysis of an SLPT-based CCFL driver[J]. IEEE Transactions on Industrial Electronics, 2003, 50(1): 208-217.

[81] SANZ M, ALOU P, PRIETO R. Comparison of different alternatives to drive piezoelectric transformers[C]. Applied Power Electronics Conference and Exposition. APEC 2002, Seventeenth Annual IEEE, 2002: 358-364.

[82] YAMANE T, HAMAMU S, ZAITSU T. Efficiency Improvement of Piezoelectric-

Transformer DC-DC Converter[C]. Power Electronics Specialists Conference, PESC 98 Record. 29th Annual IEEE, 1998, 2: 1255-1261.

[83] LO Y, PAI K. Feedback Design of a Piezoelectric Transformer-Based Half-Bridge Resonant CCFL Inverter[J]. IEEE Transaction on Industrial Electronics, 2007, 54 (5): 2716-2723.

[84] MARTIN-RAMOS J A, PRIETO M A, GARCIA F N. A new full-protected control mode to drive piezoelectric transformers in DC-DC converters[J]. IEEE Trans Power Electron, 2002, 17(6): 1096-1103.

[85] FERNANDO N, MARTIN, J A, DIAZ J. Quantum mode control for piezoelectric transformers in AC/DC applications[C]. Power Electronics Congress, Technical Proceedings, 2002: 202-207.

[86] DIAZ J, FERNANDO N, PRIETO M A, et al. A New Control Strategy for an AC/DC Converter Based on a Piezoelectric Transformer[C]. Applied Power Electronics Conference and Exposition, 2001: 497-503.

[87] HAMAMURA S, NINOMIYA T, YAMAMOTO M. Combined PWM and PFM control for universal line voltage of a piezoelectric transformer off-line converter [J]. IEEE Trans Power Electron, 2003, 18(1): 270-277.

[88] ZAITSU T, SHIGEHISA T, SHOYAMA M, et al. Piezoelectric Transformer Converter with PWM Control[C]. Applied Power Electronics Conference and Exposition, APEC'96, Eleventh Annual, 1996, 1: 279-283.

[89] RYU M, CHOI S, LEE S, et al. A new piezoelectric transformer driving topology for universal input AC/DC adapter using a constant frequency PWM control[C]. Applied. Power Electronics Conference and Exposition, APEC, 2006: 1314-1317.

[90] CHOI S, RYU M, LEE S, et al. Adaptive frequency control strategy for piezoelectric transformer in AC/DC adapter applications using phase-detector[C]. Applied Power Electronics Conference and Exposition, APEC, 2006: 1296-1299.

[91] DALLAGO E, DANIONI A. Resonance frequency tracking control for piezoelectric transformer DC-DC converter[J]. Electron Lett, 2001, 37(22): 1317-1318.

[92] BEN-YAAKOV S, LINEYKIN S. Frequency tracking to maximum power of piezoelectric transformer HV converters under load variations[C]. Power Electronics Specialists Conference. PESC, 2002: 657-662.

[93] 胡晓冰, 李龙土. 压电陶瓷变压器研究和发展现状[J]. 功能材料. 2002, 33(6): 590-593.

[94] 柴荔英, 邝安祥. 压电陶瓷变压器与电磁变压器异同及开发应用研究[J]. 湖北大学学报, 1992, 14(1): 50-54.

[95] 邝安祥. 压电陶瓷变压器驱动电路的研究[J]. 武汉师范学院学报,1978(1):50-62.

[96] 谢菊芳,邝安祥. 一种新型压电陶瓷变压器驱动电路的研究[J]. 湖北大学学报,1993,3:242-245.

[97] 黄以华. 压电变压器的理论特性及应用研究[D]. 合肥:中国科技大学,2002.

[98] 余厉阳. 微型化压电变压器研究[D]. 杭州:浙江大学,2005.

[99] 张卫平,张瑞,张晓强,等. 150WPT功率变换器输入匹配网络的设计[J]. 电源世界,2008(1):34-37.

[100] 何芳钧. 压电陶瓷变压器高压稳压电源[J]. 山东大学学报(自然科学版),1979(2):49-56.

[101] HORSLEY E L, FOSTER M P, STONE D A. State-of-the-art Piezoelectric Transformer technology[C]. Power Electronics and Applications, 2007 European Conference, 2007: 1-10.

[102] 张福学. 现代压电学[M]. 北京:科学出版社,2002:310-335.

[103] IVENSKY G, ZAFRANY I, BEN-YAAKOV S. Generic Operational Characteristics of Piezoelectric Transformers[J]. IEEE Transactions on Power Electronics, 2002, 17(6): 1049-1057.

[104] GUAN M, LIAO W. Studies on the circuit models of piezoelectric ceramics[C]. Proceedings of the 2004 International Conference on Information Acquisition. ICIA, 2004: 26-31.

[105] SYED E. Analysis and modeling of piezoelectric transformers[D]. Canada: University of Toronto, 2001.

[106] IVENSKY G, SHVARTSAS M, BEN-YAAKOV S. Analysis and modeling of a voltage doubler rectifier fed by a piezoelectric transformer[J]. IEEE Transactions on Power Electronics, 2004(19): 542-549.

[107] CUONG M, DO H, GUELDNER T. Igniter for HID Lamp Based on Discontinuous Working Mode of Piezoelectric Transformers[C]. Power Electronics and Drives Systems, PEDS, International Conference on Power, 2005, 1: 654-658.

[108] DALLAGO E, DANIONI A, PASSONI M, et al. Modelling of DC-DC converter based on a piezoelectric transformer and its control loop[C]. Power Electronics Specialists Conference, PESC, IEEE 33rd Annual, 2002, 2: 927-931.

[109] 阮新波,严仰光. 直流开关电源的软开关技术[M]. 北京:科学出版社,2000.

[110] 王聪. 软开关功率变换器及其应用[M]. 北京:科学出版社,2000.

[111] DIVAN D M. The Resonant DC Link Converter-A New Concept in Static Power Conversion[J]. IEEE Transactions on Industry Applications, 1989, 25: 317-325.

[112] NELMS R M, STRICKLAND B E, GARBI M. High voltage capacitor charging

power supplies for repetitive rate loads[C]. Industry Applications Society Annual Meeting, Conference Record of the IEEE, 1990, 2: 1281-1285.

[113] STRICKLAND B E, GARBI M, CATHELL F, et al. 2 kJ/s, 25 kV high frequency capacitor charging power supply using MOSFET switches[C]. Power Modulator Symposium, IEEE Conference Record, 1990, 2: 531-534.

[114] OZERI S, SHMILOVITZ D. Piezoelectric transformers model parameters extraction based on time domain measurements[C]. Applied Power Electronics Conference and Exposition, APEC. Twenty-First Annual IEEE, 2006: 1565-1569.

[115] 黄雪峰,徐志伟,沈星. 开关功率放大器中的压电变压器特性研究[J]. 压电与声光 2007, 29(5): 540-543.

[116] ZHANG D, ZHANG W, YUAN T, et al. Variable parameter model for low-power PT[C]. Power Electronics and Drive Systems, PEDS, the Fifth International Conference, 2003, 1: 279-283.

[117] 李继容. 导纳圆图在压电式超声波换能器中的研究[J]. 仪表技术, 2007(11): 62-64.

[118] LIN C Y. Design and analysis of Piezoelectric Transformer Converter[D]. Virginia: Virginia Polytechnic Institute and State University, 1997.

[119] 苏建仓,王利民,丁永忠. 串联谐振充电电源分析及设计[J]. 强激光与粒子束, 2004, 16(12): 1611-1614.

[120] 黄以华,周康源,陈昕. 压电变压器工作特性及应用研究[J]. 电子学报 2001, 29(11): 1549-1551.

[121] LIN C Y, LEE F C. Design of a Piezoelectric Transformer Converter and Its Matching Networks[C]. Power Electronics Specialists Conference, 1994: 607-612.

[122] LIPPINCOTT A C, NELMS R M. A Capacitor-charging Power Supple Using a Series-resonant Topology Constant on-time variable Frequency Control and Zero-current Switching[J]. IEEE Transactions on Industrial Electronics, 1991, 38(6): 438-447.

[123] 邵建设,严萍. 高压电容器充电电源谐振变换器的定频控制[J]. 高电压技术, 2006, 32(11): 107-110.

[124] DALLAGO E, DANIONI A, RICOTTI G. Single chip, low supply voltage piezoelectric transformer controller[C]. European Solid-State Circuits. ESSCIRC Conference, 2003: 273-276.

[125] 吴天明,赵新力,刘建存. MATLAB 电力系统设计与分析[M]. 北京:国防工业出版社,2007.

[126] FUNG S W, PONG M H. Analysis of parallel connection of Rosen type piezoelectric

transformers[C]. Power Electronics and Motion Control Conference,IPEMC,2004,3:1685-1688.

[127] 李永明. 锁相环设计仿真与应用[M]. 北京:清华大学出版社,2007.

[128] DIAZ J,NUNO F,PRIETO M. J,et al. Closing a Second Feedback Loop in a DC-DC Converter Based on a Piezoelectric Transformer[J]. IEEE Transactions on Power Electronics,2007,22(6):2195-2201.

[129] 北京理工大学. 压电变压器高低温频率特性实验报告[R]. 北京:北京理工大学引信动态特性国防科技重点实验室,2008.